Horst Eidenmüller

**Finanzkrise, Wirtschaftskrise
und das deutsche Insolvenzrecht**

Schriftenreihe
der
Juristischen Gesellschaft zu Berlin

Heft 187

W
DE
G
RECHT

De Gruyter Recht · Berlin

# Finanzkrise, Wirtschaftskrise und das deutsche Insolvenzrecht

Von
Horst Eidenmüller

Vortrag,
gehalten vor der
Juristischen Gesellschaft zu Berlin
am 10. Juni 2009

De Gruyter Recht · Berlin

Dr. *Horst Eidenmüller*, LL.M. (Cambridge),
Professor an der Ludwig-Maximilians-Universität München

∞ Gedruckt auf säurefreiem Papier,
das die US-ANSI-Norm über Haltbarkeit erfüllt.

ISBN 978-3-89949-754-0

*Bibliografische Information der Deutschen Nationalbibliothek*

Die Deutsche Nationalbibliothek verzeichnet diese Publikation in der Deutschen
Nationalbibliografie; detaillierte bibliografische Daten sind im Internet über
http://dnb.d-nb.de abrufbar.

Printed in Germany

Satz: DTP Johanna Boy, Brennberg
Druck: Mercedes-Druck GmbH, Berlin
Buchbinderische Verarbeitung: Industriebuchbinderei Fuhrmann GmbH & Co. KG, Berlin

# Inhaltsübersicht

6

# I. Problemstellung

„… die Eule der Minerva beginnt erst mit der einbrechenden Dämmerung ihren Flug."[1] Mit diesen Worten endet die Vorrede Hegels zu seiner Philosophie des Rechts. Sie könnten sinnbildlich stehen für den Stellenwert des Insolvenzrechts als wissenschaftliche und praktische Disziplin: Seine Stunde ist oder scheint gekommen, wenn über die Wirtschaft die „Dämmerung" hereinbricht, wenn also Wirtschaftsunternehmen massenweise zusammenbrechen. Genau dies beobachten wir derzeit im Gefolge der globalen Finanz- und Wirtschaftskrise. Große Banken und Versicherer wie Lehman und AIG sind kollabiert. Gleiches gilt für traditionsreiche Industrieunternehmen wie etwa Chrysler, General Motors, Opel und Arcandor.

Und doch erlebt das Insolvenzrecht – sieht man einmal von dem Insolvenzantrag von Arcandor ab – augenscheinlich keine Blüte. In kurzer Zeit sind in Deutschland seit Oktober 2008 viele Gesetze zur Bewältigung der Notlage erlassen worden bzw. sollen noch erlassen werden.[2] Die Insolvenzordnung als das große Reformgesetz aus dem Jahre 1999 spielt dabei aber praktisch keine Rolle. Im Vordergrund stehen vielmehr Maßnahmen zur Insolvenzvermeidung bzw. zur Krisenbewältigung außerhalb eines förmlichen Insolvenzverfahrens. Ist das Insolvenzrecht als Instrument der Krisenbewältigung selbst in der Krise? Ist das Vertrauen der Politik in den Nutzen der Insolvenzordnung zur Unternehmenssanierung so gering? Darauf deutet nicht zuletzt die in der deutschen öffentlichen Diskussion – ganz anders als in der US-amerikanischen – verbreitete Gleichsetzung von Insolvenz und Liquidation hin.[3] Ein förmliches Insolvenzverfahren sollte bei Opel deshalb unbedingt vermieden werden. Dass es – wie bei Arcandor – eine sinnvolle strategische Handlungsoption zum Zwecke der (partiellen) Unternehmenssanierung sein kann, entspricht nicht der überwiegenden Einschätzung jedenfalls einer breiteren Öffentlichkeit. Nicht nur Insolvenzen, sondern auch das Insolvenzrecht ist in Deutschland offenbar mit einem Stigma behaftet.

---

[1] *Hegel*, Grundlinien der Philosophie des Rechts (mit einer Einleitung herausgegeben von G. J. P. J. Bolland), 1902, S. CC (Ende der Vorrede).
[2] Vgl. dazu im Einzelnen Abschnitt II 4.
[3] Symptomatisch etwa SPD-Fraktionschef *Peter Struck*: „Wenn Guttenberg von Insolvenz rede, suggeriere er, dass Opel nicht mehr zu retten sei, sagte Struck im ARD-Fernsehen.", abrufbar unter http://www.spiegel.de/wirtschaft/0,1518,626582,00.html.

Ziel meines Vortrages ist es, den Stellenwert des deutschen Insolvenzrechts als Instrument zur Bewältigung der Finanz- und Wirtschaftskrise kritisch zu evaluieren und ggf. sinnvolle Reformvorschläge zu entwickeln. Ich beginne zunächst mit einer Darstellung der ökonomischen und juristischen Ausgangslage, vor deren Hintergrund die bereits getroffenen oder geplanten Maßnahmen zur Bewältigung der Krise gesehen und bewertet werden müssen (Abschnitt II.). Daran schließen sich Überlegungen zu den Zielen und Mitteln einer (sinnvollen) Reformpolitik an (Abschnitt III.). Im Zentrum des Vortrages stehen sodann außergerichtliche (vorinsolvenzrechtliche) Sanierungen, die Insolvenzordnung als Sanierungsinstrument sowie schließlich die Frage, ob es ein Sondergesetz zur Sanierung systemrelevanter Finanzinstitutionen geben sollte (Abschnitte IV. bis VI.). Ich schließe mit einer Zusammenfassung der wichtigsten Ergebnisse (Abschnitt VII.).

Im Kern werde ich dafür eintreten und zu begründen versuchen, dass und warum die Insolvenzordnung als *einheitliches* Insolvenzregime (Liquidation und Sanierung) erhalten und in diesem Rahmen die *Sanierungskomponente* gestärkt werden sollte. Sondergesetze schwächen die Insolvenzordnung als Sanierungsinstrument und würden die – ohnehin problematische – Wahrnehmung von Insolvenzrecht als Liquidationsrecht (in Deutschland) verstärken. Eine Konzentration der rechtspolitischen Anstrengungen auf die Reform der Insolvenzordnung ist auch deshalb wichtig, weil sich viele wesentliche Sanierungsmaßnahmen unproblematisch nur in einem förmlichen Insolvenzverfahren realisieren lassen. Das gilt insbesondere für den Zugriff auf Gesellschafterrechte.

Eine wesentliche Konsequenz dieser Überlegungen ist, dass außergerichtliche (vorinsolvenzrechtliche) Sanierungen zwar gestärkt werden sollten, dass aber ein eigenständiges vorinsolvenzrechtliches Sanierungsgesetz nicht erforderlich ist und sogar kontraproduktiv wirken könnte. Besonders schwierig zu beantworten ist die Frage, ob es ein Sondergesetz zur Sanierung systemrelevanter Finanzinstitutionen geben sollte. Prinzipiell lässt sich wohl auch die existenzbedrohende Krise solcher Institutionen mit einem (reformierten) aufsichts- und insolvenzrechtlichen Instrumentarium (KWG/InsO) meistern. Gleichwohl ist die Entscheidung für ein Sondergesetz eine vertretbare rechtspolitische Entscheidung, und ich werde zumindest in groben Umrissen skizzieren, wie ein entsprechendes Gesetz aussehen könnte.

## II. Ausgangslage

Die Finanz- und Wirtschaftskrise verschärft den Reformdruck, dem sich das deutsche Insolvenzrecht seit mehreren Jahren aufgrund eines Wettbewerbs der Regelgeber ausgesetzt sieht (Abschnitt 1.). Wie sich diese Krise entwickelt hat, ist bedeutsam nicht nur für das Verständnis der spezifischen Probleme der Finanz- und sonstigen Wirtschaftsunternehmen, sondern auch für das Verständnis der Art und Weise der bisherigen Reaktionen des deutschen Gesetzgebers. Diese markieren den Ausgangspunkt für die weitere Reformdiskussion (Abschnitt 2.).

### 1. Herausforderungen für das deutsche Insolvenzrecht

Das deutsche Insolvenzrecht steht vor einer doppelten Bewährungsprobe. Zum einen ist in Europa seit einigen Jahren ein Rechtswettbewerb im Insolvenzrecht zu konstatieren.[4] Unternehmen, aber auch natürliche Personen versuchen, die aus ihrer Warte günstigsten Regeln für eine Insolvenzbewältigung zu identifizieren und in Anspruch zu nehmen. Zwar wollte die seit 2002 in Kraft befindliche Europäische Insolvenzverordnung (EuInsVO) genau dies verhindern: *forum shopping* sollte ausgeschlossen werden (vgl. Erwägungsgrund Nr. 4). Das Problem liegt jedoch darin, dass das Anknüpfungskriterium für die internationale Zuständigkeit bezüglich eines Hauptinsolvenzverfahrens manipulierbar ist. Ein solches Verfahren soll am „Mittelpunkt der hauptsächlichen Interessen" (*Centre of Main Interests*, COMI) des Schuldners durchgeführt werden. Dieser Mittelpunkt kann verlagert werden, bzw. es kann zumindest relativ leicht der Eindruck erweckt werden, dass er sich dort befinde, wo der Antragsteller ihn gerne haben möchte. Trotz einer konkretisierenden Entscheidung des Europäischen Gerichtshofes[5] gehört *forum shopping* unter der EuInsVO deshalb mittlerweile zum Rechtsalltag. Für Unternehmen erweist sich dabei insbesondere das englische Recht zu Restrukturierungszwecken als besonders populär. Wichtige deutsche Unternehmen wie Schefenacker sowie Deutsche Nickel sind zunächst in englische Kapitalgesellschaften umgewandelt und sodann in London restrukturiert worden.[6] Das deutsche Insolvenzrecht steht also unter Reformdruck aufgrund des existierenden Wettbewerbs der Insolvenzrechte.

---

[4] Vgl. hierzu etwa *Eidenmüller* ZGR 2006, 467; *McCormack* CLJ 2009, 169.
[5] EuGH, Urt. v. 2.5.2006, Rs. C-341/04 (*Eurofood*), Slg. 2006, I-3813.
[6] Vgl. *Willcock* INSOL World – Fourth Quarter 2006, S. 14 f.; *Ringe*, in:

Die zweite Bewährungsprobe für das deutsche Insolvenzrecht ist jüngeren Datums. Es ist die Finanz- und Wirtschaftskrise, die im Sommer/Herbst 2008 mit Wucht einsetzte und zunächst zur Schieflage großer Banken und Versicherungen und seit dem Winter 2008/2009 sodann auch zur existenzbedrohenden Krise vieler Wirtschaftsunternehmen außerhalb des Finanzsektors im In- und Ausland geführt hat. Konkret stellen sich insoweit jedenfalls zwei Fragen: Sind die Regelungen im KWG und in der InsO zur Bewältigung der existenzbedrohenden Krise systemrelevanter Finanzinstitutionen geeignet und ausreichend? Sind die Vorschriften der InsO, insbesondere das Insolvenzplanverfahren (§§ 217 ff. InsO), ein genügend gutes Instrument zur Sanierung massenweise Not leidender Wirtschaftsunternehmen außerhalb des Finanzsektors?

Beide Bewährungsproben für das deutsche Insolvenzrecht greifen ineinander. Die Finanz- und Wirtschaftskrise hat das Phänomen „Insolvenz" zu einem volkswirtschaftlich zentralen Problem werden lassen, das nicht nur eine Vielzahl bedeutender Unternehmen (und damit verbunden: viele Arbeitsplätze) gefährdet, sondern auch die Funktionsfähigkeit unseres Wirtschaftssystems insgesamt in Frage stellt. Die Frage nach der Leistungsfähigkeit des Insolvenzrechts als Instrument der Krisenbewältigung stellt sich daher in zugespitztem Maße. Zusätzlich agiert der deutsche Gesetzgeber unter dem beschriebenen Wettbewerbsdruck, muss also gewärtigen, dass die heimischen Rechtsregeln abgewählt werden, wenn sie zur Krisenbewältigung weniger gut geeignet sind als diejenigen anderer Staaten.

## 2. Eine kurze Geschichte der Finanzkrise

Die genauen Auswirkungen der Finanzkrise auf die Realwirtschaft – und damit auch die Art der insolvenzrechtlichen Herausforderung(en) – kann man besser verstehen, wenn man die Entwicklung der Krise nachvollzieht und sie typologisch einordnet. In ihrem Zentrum stand und steht die übermäßige Verbriefung (Sekuritisierung) von Forderungen schlechter Bonität.[7] Fannie Mae und Freddie Mac, die großen US-amerikanischen Hypothekenrefinanzierer, hatten seit Mitte der neunziger Jahre ver-

---

Ringe/Gullifer/Théry (Hrsg.), Current Issues in European Financial and Insolvency Law, 2009, S. 71, 75 ff.; *Paulus* DB 2008, 2523 f.

[7] Vgl. *Hellwig* CESifo Forum 4/2008, 12, 13 ff.; *Eichengreen* CESifo Forum 4/2008, 6, 7 ff.

stärkt auch Hypotheken mit hohem Ausfallrisiko übernommen.[8] Die „garantierte" Refinanzierung enthob die ursprünglichen Kreditgeber weitgehend von der Notwendigkeit einer sorgfältigen Bonitätsprüfung.[9] Ausgehend von den Hypothekenrefinanzierern wurden die Forderungen sodann als Sicherheitengrundlage für Wertpapiere (ABS = *asset backed securities*) verwandt und auf den internationalen Kapitalmärkten in dieser Form platziert. Die ABS-Papiere dienten ihrerseits als Basis für Zahlungsversprechen in anderen Wertpapieren (CDO = *collateralized debt obligations*), wobei unterschiedliche Ausgangspapiere zur Herstellung angestrebter unterschiedlicher Bonitätsklassen kombiniert wurden. Der Vorgang ließ sich mehrfach wiederholen – so entstanden „Wertpapierkaskaden".

Die Qualität/Bonität der gehandelten Papiere war und ist nur schwer zu beurteilen. Das liegt zum einen an ihrer Komplexität, zum anderen aber auch an der Vielzahl der Informationen, die nötig sind, um eine angemessene Bewertung durchführen zu können. Aus ökonomischer Sicht ist das ein klassisches Szenario für einen sogenannten Zitronenmarkt: Es besteht die Gefahr einer Abwärtsspirale, bei der sich die schlechteste gehandelte Qualität durchsetzt.[10] Nun hat der Marktmechanismus mit den Rating-Agenturen Institutionen herausgebildet, die genau dies verhindern sollen. Leider haben diese Agenturen ihre Aufgabe jedoch nicht angemessen erfüllt. Sie haben vielmehr auch Papiere schlechter Qualität systematisch zu gut bewertet.[11] Dies hatte eine Reihe von Gründen. Der Wettbewerb zwischen den Rating-Agenturen war gestiegen. Neben den beiden Marktführern Moody's und Standard & Poor's

---

[8] Diese Entwicklung wurde maßgeblich durch den *Federal Housing Enterprises Financial Safety and Soundness Act of 1992* ausgelöst.

[9] Vgl. *Coffee* JCLS 9 (2009), 1, 4 ff. Es kam hinzu, dass Novellierungen des *Community Reinvestment Act* (12 U.S.C. §§ 2901 ff.) den Druck, Kredite auch an Schuldner schlechter Bonität zu vergeben, erhöht hatten. Vgl. auch *Grundmann/Hofmann/Möslein*, in: dies. (Hrsg.), Finanzkrise und Wirtschaftsordnung, 2009, S. 1, 3 f.

[10] *Akerlof* Q. J. of Econ. 84 (1970), 488. Die Problematik wird m.E. von *Möschel* ZRP 2009, 129, 130, unterschätzt.

[11] Vgl. *Becker/Milbourn*, Reputation and Competition: Evidence from the Credit Rating Industry (June 21, 2009), abrufbar unter http://papers.ssrn.com/sol3/papers.cfm?abstract_id=1278150; *Sinn* CESifo Forum 4/2008, 3 f.; *Coffee* JCLS 9 (2009), 1, 7 ff. Diese Einschätzung wird dadurch belegt, dass nach Ausbruch der Krise eine massive Herabstufung strukturierter Wertpapiere stattgefunden hat, die nunmehr ihrerseits als zu stark und mit prozyklischen Effekten verbunden eingestuft wird, vgl. FAZ v. 1.7.2009, S. 19. Zur Regulierung *de lege ferenda* vgl. *Haar* ZBB 2009, 177.

hatte sich in den letzten zehn Jahren Fitch Ratings als dritte maßgebliche Kraft etabliert. Die Agenturen wurden und werden von denjenigen bezahlt, deren Wertpapiere sie bewerten sollen. Der Wettbewerb um Aufträge und die bestehenden Interessenkonflikte begünstigten eine zu laxe (positive) Einschätzung im Einzelfall.

Die Geschäftsleiter von Finanzinstitutionen, welche die Papiere erwarben, besaßen ihrerseits einen erheblichen Risikoanreiz. Er ergab bzw. ergibt sich aus Aktienoptionen. Diese sind ein wesentlicher Vergütungsbestandteil. Durch sie profitiert ein Geschäftsleiter von positiven Entwicklungen, trägt jedoch das negative Risiko einer Verringerung des Börsenkurses nur in der Form, dass er oder sie dann lediglich keine werthaltigen Optionen in der Hand hält. Daraus folgt ein starkes Motiv zu Geschäftsausweitung und Risikosteigerung.[12] Begünstigt wurde der beschriebene Risikoanreiz für die Geschäftsleiter von Finanzinstitutionen durch die vergleichsweise zu laxen Eigenkapital-Anforderungen für Banken, die sowohl in Europa als auch in den USA ein zu hohes Verhältnis von Risikoaktiva zu Eigenkapital zuließen bzw. zulassen, und den daraus folgenden Risikoanreiz der Gesellschafter.[13] In den USA sind die Standards derzeit noch flexibler als in Europa (ermöglichen also auch eine restriktivere Handhabung), konnten aber mit den wenigen und diesbezüglich wenig kompetenten Mitarbeiterinnen und Mitarbeitern der SEC im Einzelfall nicht sinnvoll implementiert werden.[14]

---

[12] Vgl. *Coffee* JCLS 9 (2009), 1, 2 f.; *Mülbert* ZHR 173 (2009), 1, 5 f.; *von Werder*, in: Grundmann/Hofmann/Möslein (o. Fn. 9), S. 87, 95 f. Aus der beschriebenen Vergütungsstruktur ergibt sich sogar ein Anreiz, Investments mit einem negativen Kapitalwert zu tätigen, solange nur das Gewinnpotential groß genug ist.

[13] Maßgebliche europäische Rechtsgrundlagen sind die auf der Basis des Basel II-Akkords erlassenen Richtlinien 2006/48/EG sowie 2006/49/EG v. 14.6.2006 über die Aufnahme und Ausübung der Tätigkeit der Kreditinstitute (Neufassung) sowie die angemessene Eigenkapitalausstattung von Wertpapierfirmen und Kreditinstituten (Neufassung), ABl. L 177 v. 30.6.2006, S. 1 ff., 201 ff. Relevante Größen sind vor allem die Kernkapitalquote (Kernkapital/Summe der Risikopositionen, mind. 4%) sowie die Gesamtkapitalquote (Eigenmittel/Summe der risikogewichteten Aktiva, mind. 8%). Zur (berechtigten) Kritik vgl. vor allem *Sinn*, Kasino-Kapitalismus, 2. Aufl. 2009, S. 155 ff. Zur Rechtslage in den USA vgl. *Coffee* JCLS 9 (2009), 1, 10 ff. Fehleinschätzung demgegenüber bei *Vaubel*, in: Grundmann/Hofmann/Möslein (o. Fn. 9), S. 119, 121 ff. (Anreize für die Banker seien richtig gewesen, diese hätten sich lediglich „geirrt" und die Risiken unterschätzt).

[14] Vgl. *Coffee* JCLS 9 (2009), 1, 10 ff.

Als die Krise ausbrach, erwiesen sich die ursprünglich zu laxen Eigenkapital-Regeln fatalerweise als „Brandbeschleuniger": Sie wirkten und wirken prozyklisch.[15] Fallende Häuserpreise in den USA lösten einen erheblichen Abschreibungsbedarf auf die Risikoaktiva aus, mit der Folge einer starken Erosion des Eigenkapitals der Banken. Unter den geltenden Eigenkapital-Regeln waren diese so zum Verkauf der Papiere gezwungen, um ihre Risikoaktiva zu verringern. Dabei kam es zu einem Multiplikatoreffekt (betrug das Verhältnis Eigenmittel/Risikoaktiva etwa 5/100, und sanken die Eigenmittel von 5 auf 4, mussten die Risikoaktiva von 100 auf 80 abgebaut werden). Durch das kurzfristige (Über-)Angebot an entsprechenden Papieren verfielen die Preise weiter und es entstand eine Spirale, welche die Krise noch verschärfte. Der Prozess des Abbaus von Risikoaktiva hätte in der Krise also langsamer erfolgen müssen, um den Preisdruck auf die entsprechenden Papiere zu verringern.

In der weiteren Entwicklung kam es insbesondere in der Folge der Lehman-Insolvenz im September 2008 zu einem massiven Vertrauensverlust auch unter den Banken und einer dadurch ausgelösten Kreditklemme. Kurzfristig brach der Interbanken-Markt sogar praktisch zusammen – die Finanzinstitutionen, die sich ansonsten gegenseitig „über Nacht" ohne weiteres Geld leihen, vertrauten einander nicht mehr.[16] Erst durch massive Interventionen der Regierungen und Notenbanken aller westlichen Länder konnte ein vollständiger Finanzkollaps vermieden werden.[17] Die weltweiten (Buch-)Verluste aufgrund von Risikopapieren allein bei Banken und anderen Finanzinstitutionen wurden vom IWF im April 2009 auf über 4 Billionen US-$ geschätzt,[18] die BaFin bezifferte die „deutschen" Risiken in demselben Monat auf etwa 816 Milliarden Euro.[19]

---

[15] Vgl. *Hellwig* CESifo Forum 4/2008, 12, 18 f., 21; *Rudolph*, in: Grundmann/Hofmann/Möslein (o. Fn. 9), S. 55, 67.

[16] Vgl. *Sinn* (o. Fn. 13), S. 70 ff.

[17] Eine Übersicht über die weltweiten „Gegenmaßnahmen" ist abrufbar unter http://de.wikipedia.org/wiki/Finanzkrise_ab_2007.

[18] *Dattels/Kodres*, Further Action Needed to Reinforce Signs of Market Recovery: IMF, abrufbar unter http://www.imf.org/external/pubs/ft/survey/so/2009/RES042109C.htm.

[19] „Bafin beziffert Kreditrisiken auf 816 Milliarden Euro", abrufbar unter http://www.spiegel.de/wirtschaft/0,1518,621053,00.html.

### 3. Auswirkungen der Finanzkrise auf die Realwirtschaft

Der hier natürlich erheblich gestraffte Rückblick auf die Entwicklung der Finanzkrise macht deren Kern deutlich: Es ging bzw. geht zunächst um eine Eigenmittel- und dann eine Liquiditätskrise, die durch den massiven Abschreibungsbedarf auf hochspekulative Wertpapiere ausgelöst wurde. Genau so traf die Krise dann auch im Winter 2008/2009 die sogenannte Realwirtschaft, also die Unternehmen außerhalb des Finanzsektors. Denn wenn auch der Kredit-Kollaps im Interbanken-Geschäft kurzfristig behoben werden konnte, so zeigten und zeigen sich die Banken doch außerordentlich zögerlich bei der Kreditvergabe an Geschäftskunden – sie sind insoweit sehr vorsichtig geworden. Allenthalben wird konstatiert, dass sich die (Fremd-)Finanzierungssituation für Unternehmen dramatisch verschlechtert hat.[20]

Betroffen sind davon natürlich in erster Linie stark durch Fremdkapital finanzierte Unternehmen. Dazu gehören insbesondere Unternehmen, die im Wege eines sogenannten *leveraged buyout* (LBO) übernommen wurden.[21] Gerät ein stark mit Fremdkapital finanziertes Unternehmen in eine finanzielle Krise, so geschieht dies typischerweise zu einem Zeitpunkt, zu dem der Unternehmenswert noch vergleichsweise höher ist als bei einem stärker Eigenkapital finanzierten Unternehmen (ein nahezu vollständig Eigenkapital finanziertes Unternehmen ist insolvenzrechtlich erst überschuldet, wenn der Unternehmenswert nahe bei Null liegt).[22] Dies hat, wie wir später sehen werden, wichtige Konsequenzen für den am besten geeigneten Mechanismus der Krisenbewältigung.

Neben stark durch Fremdkapital finanzierten Unternehmen sind vor allem Unternehmen mit hohen Fixkosten und/oder wenigen – ihrerseits

---

[20] Vgl. stellv. „Kreditklemme bedroht deutsche Unternehmen", abrufbar unter http://www.spiegel.de/wirtschaft/0,1518,581672,00.html; FAZ v. 1.7.2009, S. 19; Euler Hermes, Insolvenzen in Zeiten der Finanzkrise (Wirtschaft Konkret Nr. 107), 2009, S. 17 ff. (Umfrage unter 107 Insolvenzverwaltern im März/April 2009); Creditreform, Insolvenzen in Europa – Jahr 2008/2009, 2009, S. 9 f. Verantwortlich dafür sind nicht zuletzt die – auch insoweit wieder prozyklisch wirkenden – Eigenkapital-Regeln, vgl. „Basel-II-Regeln verschärfen Krise", abrufbar unter http://www.spiegel.de/wirtschaft/0,1518,632324,00.html.

[21] In vieler Hinsicht beispielhaft sind insoweit die Übernahme der Bavaria Yachtbau GmbH für das Zwölffache des operativen Gewinns und deren derzeitige Krise, vgl. „Risiko-Deals erleiden Schiffbruch", Handelsblatt v. 26./27./28.6.2009, S. 1.

[22] *Jensen* J. of Appl. Corp. Fin. 2 (1989), 35, 41 ff.; *Eidenmüller* ZHR 171 (2007), 644, 658.

gefährdeten – Abnehmern von der Krise besonders betroffen.[23] So hat der rapide Absatz- und Produktionsrückgang in der Automobilbranche seit Herbst 2008 allein zwischen November 2008 und Januar 2009 etwa 20 Insolvenzen deutscher Automobilzulieferer mit insgesamt ca. 20.000 betroffenen Arbeitnehmerinnen und Arbeitnehmern ausgelöst.[24] Maßgebliche Ursache der Insolvenz von Arcandor soll die enorme Belastung mit Mietzahlungsverpflichtungen nach der Veräußerung der für die Kaufhäuser genutzten Liegenschaften gewesen sein.[25]

Dass die Finanzkrise zu finanziellen Schwierigkeiten einer Vielzahl von Unternehmen der Realwirtschaft geführt hat und führt, bedeutet natürlich nicht, dass diese Unternehmen deshalb überwiegend nicht lebensfähig sind und liquidiert werden sollten. Es dürfte sich vielmehr umgekehrt verhalten: Die Mehrheit der jetzt in der Krise befindlichen Unternehmen ist zwar finanziell angeschlagen (sie sind [drohend] zahlungsunfähig und/oder überschuldet), aber sanierungswürdig in dem Sinne, dass ihr Fortführungswert größer ist als ihr Liquidationswert (es liegt also *financial failure* vor, aber kein *economic failure*). Dafür spricht gerade die Tatsache, dass die Krise zu einem Zeitpunkt auf die meisten Unternehmen trifft, zu dem bei einer hohen Fremdkapitalisierung der Unternehmenswert noch vergleichsweise hoch ist. Sicher gibt es auch Fälle, in denen jedenfalls eine teilweise Liquidation die ökonomisch richtige Reaktion ist. Das mag etwa für die Automobilbranche gelten, in der nach verbreiteter Überzeugung weltweit erhebliche Überkapazitäten bestehen.[26] Ganz falsch wäre es aber in jedem Fall, die finanzielle Krise der jetzt betroffenen Unternehmen generell als guten Grund für deren Liquidation anzusehen.

---

[23] Vgl. auch Euler Hermes (o. Fn. 20), S. 13 (Umfrage unter 107 Insolvenzverwaltern im März/April 2009).

[24] Quelle: Roland Berger, Global Automotive Supplier Study 2009, Pressemeldung dazu abrufbar unter http://www.rolandberger.com/company/press/releases/519-press_archive2009_sc_content/Study_Global_Automotive_Supplier_2009.html.

[25] Vgl. „Deutschlands Geldadel profitierte von Karstadt-Mieten", abrufbar unter http://www.spiegel.de/wirtschaft/0,1518,630317,00.html.

[26] Vgl. KPMG International, Momentum: KPMG's Global Auto Executive Survey 2009, S. 15, abrufbar unter http://www.kpmg.de/docs/20090101_Global_Auto_Executive_Survey_2009.pdf.

## 4. Reaktion des deutschen Gesetzgebers

Der deutsche Gesetzgeber hat auf die Finanz- und Wirtschaftskrise mit einer Reihe von Gesetzen rasch reagiert. Bereits im Oktober 2008 wurde das Finanzmarktstabilisierungsgesetz (FMStG) verabschiedet.[27] Es sieht im Kern die Möglichkeit zur Bereitstellung von Risikokapital für Finanzunternehmen durch den Staat vor und schafft gleichzeitig eine Art „Sonderkapitalgesellschaftsrecht" für solche Unternehmen, das deren Rekapitalisierung erleichtern soll. Gleichzeitig erfolgte mit diesem Gesetz die bisher einzige Änderung der Insolvenzordnung, nämlich des Überschuldungsbegriffs in § 19 Abs. 2 InsO. Zeitlich befristet bis zum 31.12.2013 wurde eine Rückkehr zu dem „alten" zweistufigen Überschuldungsbegriff vollzogen.[28] Überschuldung liegt danach vor, „… wenn das Vermögen des Schuldners die bestehenden Verbindlichkeiten nicht mehr deckt, es sei denn, die Fortführung des Unternehmens ist nach den Umständen überwiegend wahrscheinlich." Neben der rechnerischen Überschuldung kommt es also entscheidend auf die Fortführungsprognose an. Wie diese erfolgen soll, ist unklar. Man wird wohl im Wesentlichen auf die Liquidität(splanung) des Schuldners abzustellen haben.[29] Letztlich läuft dies auf eine Antragspflicht wegen Überschuldung bei drohender Zahlungsunfähigkeit hinaus.[30] Dies widerspricht systematisch § 18 InsO, nach dem bei drohender Zahlungsunfähigkeit kein zwingender, sondern ein lediglich fakultativer Eröffnungsgrund (für den Schuldner) besteht. Im April 2009 wurde das Finanzmarktstabilisierungsgesetz durch das Finanzmarktstabilisierungsergänzungsgesetz (FMStEG) ergänzt.[31] Dieses enthält als Artikelgesetz unter anderem das sogenannte „Rettungsübernahmegesetz", das auf den Fall Hypo Real

---

[27] Gesetz zur Umsetzung eines Maßnahmenpakets zur Stabilisierung des Finanzmarkts v. 17.10.2008, BGBl. 2008 I, S. 1982. Geändert durch das Gesetz zur Erleichterung der Sanierung von Unternehmen v. 24.9.2009, BGBl. 2009 I, S. 3151.
[28] Vgl. zu diesem BGH, Urt. v. 13.7.1992, BGHZ 119, 201, 214.
[29] Ähnlich K. Schmidt DB 2008, 2467, 2468 ff.; unentschieden zwischen Ertrags- und Liquiditätsprognose Holzer ZIP 2008, 2108, 2109 f.
[30] Rechnerische Überschuldung wird nämlich bei drohender Zahlungsunfähigkeit regelmäßig vorliegen. Im Ergebnis ebenso Blöse/Wieland-Blöse GmbHR 24/2008, R 369, R 370; wohl auch K. Schmidt ZIP 2009, 1551, 1552 f.
[31] Gesetz zur weiteren Stabilisierung des Finanzmarktes v. 7.4.2009, BGBl. 2009 I, S. 725.

Estate zugeschnitten ist und in letzter Instanz bis zum 30.6.2009 eine Enteignung der Anteilseigner einer systemrelevanten Bank ermöglichte.[32]

Über das FMStG sowie das FMStEG hinaus hat die Bundesregierung zum einen im April 2009 einen Gesetzentwurf zur Stärkung der Finanzmarkt- und der Versicherungsaufsicht[33] sowie im Juni 2009 einen Gesetzentwurf zur Fortentwicklung der Finanzmarktstabilisierung vorgelegt.[34] Das zuerst genannte Vorhaben hat vor allem zum Ziel, die Aufsichtsregelungen des KWG zu verschärfen (strengere Meldepflichten, höhere Eigenmittel- und Liquiditätsanforderungen, weitergehende Ausschüttungsbeschränkungen, Anforderungen an Kontrollorgane). Das Gesetz ist in seinen wesentlichen Teilen am 1.8.2009 in Kraft getreten.[35] Das zweite Vorhaben ist unter dem Stichwort „Bad Banks" bekannt geworden. In der Sache geht es darum, dass Banken die Möglichkeit erhalten sollen, ihre Bilanzen um hochriskante Wertpapiere zu bereinigen. Sie sollen diese Papiere zu einem Preis in Höhe von 90 Prozent des Buchwertes (zum 31.3.2009) oder zu einem etwa höheren tatsächlichen wirtschaftlichen Wert (ermittelt durch Ertragswertverfahren[36]) in eine Zweckgesellschaft auslagern können. Im Gegenzug erhalten sie eine staatlich garantierte Schuldverschreibung in gleicher Höhe. Nur in dem ersten Fall (Übertragung zu 90 Prozent des Buchwertes) ist die Differenz zwischen dem um einen Risikoabschlag geminderten tatsächlichen wirtschaftlichen Wert (Fundamentalwert) und dem Übertragungsbetrag zuzüglich einer marktgerechten Vergütung in späteren Jahren aus von ihnen ausgeschütteten Dividenden an den Staat zurückzuzahlen – wirtschaftlich ist dies eine Art Darlehen. Dadurch würde die unmittelbare Insolvenzgefahr für Banken anscheinend beseitigt. Allerdings sind die Probleme des Vorhabens zahlreich. Die Banken würden sicher zögern, die Übertragungsmöglichkeit in Anspruch zu nehmen, weil sie in diesem Fall Reputationseinbußen befürchten müssten. Vor allem aber ist der

[32] Vgl. *Wolfers/Rau* NJW 2009, 1297 ff.; *Marotzke* JZ 2009, 763, 769 ff.; *Bachmann* ZIP 2009, 1294 ff.

[33] Entwurf eines Gesetzes zur Stärkung der Finanzmarkt- und der Versicherungsaufsicht, BT-Drucks. 16/12783 v. 27.4.2009, abrufbar unter http://dip21.bundestag.de/dip21/btd/16/127/1612783.pdf. Dazu etwa *Bartsch* ZRP 2009, 97, 99 ff.

[34] Entwurf eines Gesetzes zur Fortentwicklung der Finanzmarktstabilisierung, BT-Drucks. 16/13297 v. 4.6.2009, abrufbar unter http://dip21.bundestag.de/dip21/btd/16/132/1613297.pdf.

[35] Gesetz zur Stärkung der Finanzmarkt- und der Versicherungsaufsicht, BGBl. 2009 I, S. 2305.

[36] Damit ist also nicht etwa der aktuelle Marktwert gemeint.

Grundansatz fragwürdig:[37] Er führt zu einer Sozialisierung von Verlusten und belohnt diejenigen, die am schlechtesten gewirtschaftet haben. Das gilt insbesondere bei einer Übertragung zu einem (fiktiven) tatsächlichen wirtschaftlichen Wert auf Ertragswertbasis ohne Ausgleichszahlungspflicht.[38] Besser wäre es, wenn der Staat lediglich als Financier neu emittierter Anteile an Finanzinstitutionen zum fairen Marktpreis auftreten würde. So würden diejenigen mit zusätzlichem Kapital und Liquidität versorgt, die sie benötigen, und eine Verlustsozialisierung erfolgte nicht. Gleichwohl wurde das „Bad Bank Gesetz" im Wesentlichen unverändert beschlossen. Es ist am 23.7.2009 in Kraft getreten.[39]

Den vorläufigen Schlusspunkt in den derzeitigen legislatorischen Bemühungen zur Bewältigung der Finanz- und Wirtschaftskrise setzen Konzepte einerseits des Bundeswirtschaftsministeriums (BMWi) und andererseits des Bundesjustizministeriums (BMJ) für die Sanierung systemrelevanter Finanzinstitutionen.[40] Die genannten Konzepte basieren auf der Prämisse, dass ein förmliches Insolvenzverfahren über das Vermögen solcher Institutionen in jedem Fall vermieden werden müsse. Gleichzeitig wird das sonstige Instrumentarium zur Restrukturierung

---

[37] Kritisch zu ähnlichen Überlegungen in den USA deshalb zu Recht *Bebchuk*, A Better Plan for Addressing the Financial Crisis, September 2009, abrufbar unter http://www.bepress.com/cgi/viewcontent.cgi?article=1416&context=ev., S. 2 ff.; *Rajan*, Desparate times need the right measures, abrufbar unter http://www.ft.com/cms/s/0/13a60574-862b-11dd-959e-0000779fd18c.html?nclick_check=1.

[38] Vgl. *Hellwig*, Das „Bad Bank"-Gesetz kann sehr teuer werden, FAZ v. 1.7.2009, S. 12.

[39] Gesetz zur Fortentwicklung der Finanzmarktstabilisierung v. 17.7.2009, BGBl. 2009 I, S. 1980. Dazu etwa *Wolfers/Rau* NJW 2009, 2401 ff. Der Übertragungswert wurde als der höchste von drei folgenden Werte festgelegt, wobei der Übertragungswert den Buchwert vom 31.3.2009 nicht übersteigen darf: (1) 90% des Buchwertes vom 30.6.2008; (2) 90% des Buchwertes v. 31.3.2009; (3) tatsächlicher wirtschaftlicher Wert. Damit wurde das im Text beschriebene Problem eines Verkaufs über Buchwert zum tatsächlichen wirtschaftlichen Wert etwas gemildert.

[40] Das mir vorliegende Konzept des BMWi (Bearbeitungsstand: 27.7.2009) trägt den Titel „Gesetz zur Ergänzung des Kreditwesengesetzes". Das Konzept aus dem BMJ (Bearbeitungsstand: 30.7.2009) trägt den Titel „Diskussionsentwurf für ein Gesetz zur Einführung eines Reorganisationsplanverfahrens für systemrelevante Kreditinstitute und zur Abwehr von Gefahren für die Stabilität des Finanzsystems". Art. 1 des zuletzt genannten Konzepts würde ein „Kreditinstitute-Reorganisationsgesetz – KredReorgG" einführen und Art. 2 Änderungen des KWG bringen. Vgl. zum Ganzen ausführlich im Text Abschnitt VI.

einer in ihrer Existenz bedrohten systemrelevanten Bank oder Versicherung für nicht ausreichend gehalten. Daraus erwächst die Überlegung, ein „Sonderinsolvenzverfahren" für solche Institutionen zu schaffen, das freilich nicht so genannt wird bzw. werden darf.

Lässt man die bisherigen Gesetze und Gesetzesvorhaben zur Krisenbewältigung Revue passieren, so ist zweierlei zu konstatieren. Zum einen ist eine klare Gesamtkonzeption nicht erkennbar. Verwunderlich ist dies freilich nicht, musste der deutsche Gesetzgeber doch unter enormem Zeitdruck punktuell auf spezifische Probleme reagieren. Zum anderen liegt der bisherige Fokus der gesetzgeberischen Aktivitäten klar auf Finanzinstitutionen bzw. dem Finanzmarkt. Neue insolvenzrechtliche Regelungen für Unternehmen der Realwirtschaft hat es bis auf die erwähnte Reform des Überschuldungsbegriffes noch nicht gegeben. Auch dies ist nicht verwunderlich. Die Krise begann eben als Finanzkrise und hat Nicht-Finanzinstitutionen erst in einem zweiten Stadium erfasst.[41]

## III. Ziele und Mittel einer Reformpolitik

Denkt man systematisch über mittel- bzw. langfristige legislative Reformmaßnahmen im Bereich des Insolvenzrechts nach, so ist es allerdings unerlässlich, sich über die Ziele und Mittel einer rationalen Reformpolitik Rechenschaft abzulegen. Nur auf dieser Grundlage können gleichermaßen inhaltlich überzeugende wie aufeinander abgestimmte Verbesserungen des Status Quo erreicht werden.

### 1. Ziele einer Reformpolitik

Soweit es um die Ziele einer insolvenzrechtlichen Reformpolitik geht, ist zwischen der makroökonomischen (gesamtwirtschaftlichen) und der mikroökonomischen (unternehmerischen) Ebene zu unterscheiden. Makroökonomisch ist die Stabilität bzw. Stabilisierung der Finanzmärkte

---

[41] Für die legislative Agenda auf europäischer Ebene vgl. vor allem die Mitteilung der Kommission „Aus der Finanzkrise in den Aufschwung: Ein Aktionsrahmen für Europa", KOM(2008) 706 endg. v. 29.10.2008, abrufbar unter http://ec.europa.eu/employment_social/esf/docs/from_crisis_to_recovery_de.pdf. Diskutiert wird unter anderem eine Neufassung der Kapitaladäquanzrichtlinie, vgl. ZIP Aktuell 20/2009, S. A 40.

nach wie vor ein wichtiges Ziel. Auch wenn der unmittelbare Kollaps des Finanzsystems im Herbst 2008 abgewendet werden konnte, so existiert doch nach wie vor die latente Gefahr einer erneuten Zuspitzung der Lage, und die (internationale) Finanzmarktregulierung ist dringend reformbedürftig. Vorschläge dazu liegen sowohl seitens der Europäischen Union als auch über deren Grenzen hinaus vor.[42]

Mikroökonomisch, also auf ein einzelnes Krisenunternehmen bezogen, sollte die Maximierung des (haftenden) Netto-Unternehmenswertes nach wie vor die Leitlinie für legislative Reformmaßnahmen sein. Das Insolvenzrecht dient der kollektiven Gläubigerbefriedigung (vgl. § 1 InsO). Aus dieser Warte ist alles, was den (haftenden) Netto-Unternehmenswert eines Not leidenden Unternehmens steigert, positiv zu bewerten – alles, was ihn verringert, negativ. Das bedeutet zum einen, wie bereits erwähnt, dass ein Not leidendes Unternehmen dann, aber nur dann fortgeführt werden sollte, wenn sein Fortführungswert größer ist als sein Liquidationswert. Die Unternehmensfortführung und/oder die Erhaltung von Arbeitsplätzen sind also kein Selbstzweck. Sie müssen vielmehr gerechtfertigt werden, und diese Rechtfertigung kann im Einzelfall nur darin liegen, dass die Unternehmensfortführung – und mit ihr die Erhaltung von Arbeitsplätzen – die den Gläubigern zur Verfügung stehende Haftungsmasse maximiert.

Im Übrigen gibt es bekanntermaßen nicht „die" Form der Unternehmensfortführung. Ein Unternehmen kann in der Hand des bisherigen Unternehmensträgers fortgeführt werden. Es ist aber auch möglich, das Unternehmen als Ganzes auf einen neuen Träger zu übertragen. In dem ersten Fall wird gemeinhin von einer Unternehmensreorganisation gesprochen, im zweiten von einer sogenannten übertragenden Sanierung.[43] Welche der beiden Formen der Unternehmensfortführung vorzugswürdig ist, hängt davon ab, ob im Einzelfall eine Unternehmensreorganisation oder aber eine übertragende Sanierung die Haftungsmasse maximiert. Es kann Situationen geben, in denen der Unternehmenswert größer ist, wenn das Unternehmen in der Hand des bisherigen Trägers fortgeführt wird bzw. werden kann. Man denke etwa an die Existenz trägerspezifischer

---

[42] Vgl. die Mitteilung der Europäischen Kommission zur Europäischen Finanzaufsicht v. 27.5.2009, KOM (2009) 252 endg., abrufbar unter http://ec.europa.eu/internal_market/finances/docs/committees/supervision/communication_may2009/C-2009_715_de.pdf; vgl. auch das Communiqué des G-20 Gipfels in London vom April 2009, abrufbar unter http://www.londonsummit.gov.uk/resources/en/PDF/final-communique, S. 3 f.

[43] Vgl. stellv. *Eidenmüller*, Unternehmenssanierung zwischen Markt und Gesetz, 1999, S. 15.

Berechtigungen (Genehmigungen, Lizenzen, Langfristverträge etc.) oder aber an Verlustvorträge, die genutzt werden sollen.[44]

Schließlich impliziert das Ziel der Maximierung des (haftenden) Netto-Unternehmenswertes dasjenige der Minimierung von Insolvenzkosten, also der Kosten der Krisenbewältigung. Dabei handelt es sich zum einen um direkte Kosten (wie etwa Insolvenzverwaltungskosten), zum anderen aber auch um indirekte Kosten (wie etwa die Verringerung des Unternehmenswertes aufgrund der Rufschädigung durch ein Insolvenzverfahren). Letztere sind schwerer zu messen, aber in ihrer Größenordnung wesentlich bedeutender.[45] Ziel muss es sein, Verfahren der Krisenbewältigung zu entwickeln und zu implementieren, die die gesamten Insolvenzkosten im Einzelfall minimieren.

## 2. Mittel einer Reformpolitik

Konzeptionell ist im Hinblick auf die Mittel einer insolvenzrechtlichen Reformpolitik zwischen außergerichtlichen (vorinsolvenzrechtlichen) Sanierungen, der Insolvenzordnung als Sanierungsinstrument und der Sanierung (systemrelevanter) Finanzinstitutionen als Sonderfall zu unterscheiden. Insolvenzrechtliche Reformpolitik bedeutet Veränderung des Rechtsrahmens für diese drei Phänomene bzw. Mechanismen der Krisenbewältigung.

Dabei können sowohl die Erfahrungen maßgeblicher Insolvenzpraktiker als auch rechtsvergleichende Anregungen nützlich sein. Die folgenden Überlegungen basieren demzufolge nicht nur auf eigenen konzeptionellen Analysen. In sie ist auch der Ertrag von etwa 60 strukturierten Interviews, die zwischen März und Juni 2009 mit (international tätigen) Insolvenzpraktikern geführt worden sind, eingeflossen.[46] Zudem wird immer wieder auf ausländische Regelwerke, die für den jeweiligen Problemkreis bedeutsam sind, zurückgegriffen. Das betrifft für außergerichtliche (vorinsolvenzrechtliche) Sanierungen das Company Voluntary Arrangement (CVA) im Vereinigten Königreich. Im Hinblick auf die Insolvenzordnung als Sanierungsinstrument geht es vor allem um Chap-

---

[44] Vgl. *Eidenmüller/Engert* ZIP 2009, 541, 542; MünchKommInsO/*Eidenmüller*, 2. Aufl. 2008, vor § 217 Rz. 6 m.w.N.

[45] Vgl. *Eidenmüller* (o. Fn. 43), S. 331 ff. m.w.N.

[46] Die Methodik und der Ertrag dieser Interviews werden in einer separaten Publikation im Einzelnen vorgestellt. Vgl. für eine andere Untersuchung auch Euler Hermes (o. Fn. 20), S. 25 ff. (Umfrage unter 107 Insolvenzverwaltern im März/April 2009).

ter 11 des US-amerikanischen Bankruptcy Code, der bei der Entstehung des Insolvenzplanverfahrens der Insolvenzordnung Pate gestanden hat. Hinsichtlich der Frage nach einem Sonderregime für die Sanierung (systemrelevanter) Finanzinstitutionen ist es schließlich der Banking Act 2009 des Vereinigten Königreichs, der als neues Referenzregelwerk eine Vorbildfunktion besitzen könnte.

Ob Sondersanierungsverfahren vermieden oder aber für bestimmte Problemkreise etabliert werden sollten, ist eine Frage, die letztlich im Lichte der Umstände einer spezifischen Einzelfallkonstellation beantwortet werden muss. Nichtsdestotrotz lassen sich allgemein gewisse Überlegungen formulieren, die dafür sprechen, solche Verfahren möglichst zu vermeiden. Zum einen bestehen diverse Kostenvorteile, wenn es weniger Verfahren gibt. Die Routine im Umgang mit einem bestimmten Verfahren sowie die Präzision der Rechtsanwendung steigen mit der Nutzungsfrequenz. Ökonomisch sind dies Kostenvorteile. Zum anderen steigt aber auch die Rechtssicherheit – einerseits wegen der verbesserten Präzision der Rechtsanwendung, andererseits aber auch, weil es keine oder nur weniger Fragen bezüglich des Anwendungsbereiches zu beantworten gibt. Weniger Sanierungsverfahren führen ferner dazu, dass die Gefahr von Friktionen und/oder Wertungswidersprüchen zwischen den einzelnen Verfahren geringer ist. Schließlich und vor allem droht ein Nebeneinander von einem allgemeinen und mehreren speziellen Sanierungsverfahren das allgemeine Verfahren zu entwerten. Alle diese Gesichtspunkte sprechen dafür, im Zweifel – also wenn nicht besonders gewichtige Gegenargumente vorliegen – auf Sondersanierungsverfahren möglichst zu verzichten. Man kann dies als eine „Argumentationslastregel" ansehen.

## IV. Außergerichtliche (vorinsolvenzrechtliche) Sanierungen

Außergerichtliche (vorinsolvenzrechtliche) Sanierungen sind ein wesentliches Instrument zur Bewältigung einer existenzbedrohenden Unternehmenskrise. Sie besitzen gegenüber einem gerichtlich überwachten Insolvenzverfahren wichtige Vorteile. Der gegenwärtige deutsche Rechtsrahmen für außergerichtliche Sanierungen weist jedoch Probleme auf, so dass Reformen angezeigt sind. Eine Schlüsselfrage geht dahin, ob ein eigenständiges vorinsolvenzrechtliches Sanierungsgesetz zu empfehlen ist.

## 1. Vorteile und Probleme außergerichtlicher Sanierungen

Außergerichtliche (vorinsolvenzrechtliche) Sanierungen können flexibel, schnell und im besten Fall leise, das heißt ohne dass die Krise nach Außen oder auch nur allen Unternehmensbeteiligten bekannt wird, durchgeführt werden. Sie sind deshalb mit deutlich geringeren direkten und indirekten Insolvenzkosten verbunden als gerichtlich überwachte Insolvenzverfahren. Dieser Vorteil ist empirisch gut dokumentiert.[47] Er zeigt sich vor allem bei stark durch Fremdkapital finanzierten Unternehmen, bei denen der Unternehmenswert in der Krise noch vergleichsweise höher und deshalb mehr zu verlieren ist. Aber auch sonst können die Kostenvorteile außergerichtlicher Sanierungen enorm sein. Erinnert sei an dieser Stelle etwa an die (erste) Restrukturierung des Eurotunnels im Jahre 1996 mit 225 Banken.[48] Sie führte sicherlich zu einem kleineren Wertverlust des Unternehmens als dann später das vor einigen Jahren in England und Frankreich durchgeführte, sehr komplexe Insolvenzverfahren.[49] Jede Reform des Rechtsregimes für außergerichtliche Sanierungen muss versuchen, die genannten (Kosten-)Vorteile zu konservieren.

Reformbedarf besteht durchaus. In der Rechtspraxis treten immer wieder vor allem zwei Probleme auf, die zum Scheitern eines an sich sinnvollen außergerichtlichen Sanierungsvorhabens führen können. Zum einen ist dies Zeitmangel. In der Regel wird ein solches Vorhaben durch die Geschäftsleiter einer Not leidenden Kapitalgesellschaft erst bei Vorliegen eines zwingenden Insolvenzgrundes (Zahlungsunfähigkeit oder Überschuldung) eingeleitet. Dann besteht dafür aber maximal noch ein Zeitfenster von drei Wochen (vgl. § 15a Abs. 1 Satz 1 InsO). In diesem Zeitfenster kann in Ausnahmefällen zwar die Zahlungsunfähigkeit, regelmäßig aber nicht eine etwaige Überschuldung beseitigt werden, zumindest dann nicht, wenn beispielsweise bei einer Aktiengesellschaft Kapitalmaßnahmen durchzuführen sind. Nun wäre es zwar theoretisch denkbar, dass die Rechtsprechung unter Rekurs auf die allgemeinen Geschäftsleiterpflichten (§ 43 GmbHG, § 93 AktG) einen früheren Auslösezeitpunkt für außergerichtliche Sanierungen begründet. Der Bundesgerichtshof ist hier jedoch außerordentlich zurückhaltend. Noch nie ist ein Geschäftsleiter zum Schadensersatz verurteilt worden, weil er

---

[47] Vgl. *Eidenmüller* (o. Fn. 43), S. 332 ff. m.w.N.
[48] Vgl. *Eidenmüller* (o. Fn. 43), S. 310.
[49] Zu diesem Verfahren vgl. etwa *J. Schmidt* ZIP 2007, 405, 408 m.w.N. Zur Restrukturierung und den Restrukturierungsbedingungen vgl. auch http://www.eurotunnel.com/NR/rdonlyres/EF305193-A15C-41DC-8C19-9972F2B3F9FE/0/ResumeduProspectusenallemand.PDF.

in einer vorinsolvenzrechtlichen Krisensituation kein außergerichtliches Sanierungsvorhaben eingeleitet hat.[50] Insgesamt ist deshalb zu konstatieren, dass solche Vorhaben in Deutschland zu spät eingeleitet werden und dass das dann offene Zeitfenster für eine außergerichtliche Sanierung zu klein ist.

Das zweite große Problem sind die Schwierigkeiten bei der Koordination des Gläubigerhandelns. In einer außergerichtlichen Sanierungssituation bestehen erhebliche Informations-, Interessen- und Erwartungsunterschiede zwischen den Beteiligten: Die Informationsstände zwischen den Teilnehmern sind unterschiedlich, sie haben unterschiedliche (strategische) Interessen, und sie schätzen die Erfolgsaussichten des Vorhabens sowie die volkswirtschaftlichen Umfeldbedingungen regelmäßig auch sehr unterschiedlich ein. Es kommt hinzu, und hier liegt die Hauptursache für die Schwierigkeiten in der Koordination, dass in einer solchen Sanierungssituation Anreize für Trittbrettfahrerverhalten bestehen: Jeder Beteiligte spekuliert darauf, dass die *anderen* die notwendigen Sanierungslasten (Überbrückungskredit, Sanierungskredit, Verzichte etc.) übernehmen werden, während er selbst voll befriedigt werden kann.[51] Dieses Verhalten ist individuell völlig rational, kann jedoch dazu führen, dass das Vorhaben insgesamt scheitert. Denn der diesbezügliche Anreiz besteht eben für alle Beteiligten gleichermaßen.

Die Koordinationsprobleme bei außergerichtlichen Sanierungen haben sich in den letzten Jahren durch neuere Entwicklungen noch erheblich verschärft. Die Schuldenstrukturen von Unternehmen sind immer komplexer (differenzierter) geworden, und dies bildet sich natürlich in Interessenunterschieden der Beteiligten ab. Forderungen werden auf (internationalen) Sekundärmärkten gehandelt, mit der Folge eines raschen Gläubigerwechsels und der Schwierigkeit, die tatsächlich Betroffenen zu identifizieren. Verbriefte Kreditversicherungen (CDS = *credit default swaps*) tragen das ihre zu erheblichen Interessenunterschieden auf der Seite der Beteiligten sowie dem soeben erwähnten Beteiligtenwechsel bei.

Der in Deutschland geltende Rechtsrahmen bietet keine Handhabe dafür, Trittbrettfahrerverhalten zu sanktionieren bzw. die Koordinationsprobleme bei außergerichtlichen Sanierungsvorhaben zu lindern. In der berühmten Akkordstörer-Entscheidung judizierte der Bundesgerichtshof

---

[50] Übersicht über den Stand der Rechtsprechung bei *Veil* ZGR 2006, 374, 376 ff. m.w.N. Für eine Geschäftsführerhaftung unter diesen Umständen mit Recht *K. Schmidt* ZIP 1988, 1497, 1504.

[51] Vgl. *Eidenmüller* (o. Fn. 43), S. 345 ff.

24

im Zusammenhang mit der coop-Insolvenz im Jahre 1992, dass keine Verpflichtung für einen Gläubiger bestehe, einem außergerichtlichen Sanierungsvergleich beizutreten. Niemand könne gezwungen werden, an einem entsprechenden Sanierungsvorhaben mitzuwirken.[52] Diese Entscheidung ist später weder bestätigt noch korrigiert worden, muss einstweilen also noch als *good law* angesehen werden. Die Verbesserung der Koordination des Gläubigerhandelns bei einem außergerichtlichen Sanierungsvorhaben bleibt deswegen ein vordringliches rechtspolitisches Anliegen.

## 2. Reform außergerichtlicher Sanierungen

### a) Auslösezeitpunkt und Zeitfenster

Das Problem einer (derzeit) zu späten Einleitung außergerichtlicher Sanierungsvorhaben lässt sich nur mit einer grundlegenden Reform des Rechts der Insolvenzauslösung (§§ 15a ff. InsO) bewältigen. Die Pflicht zur Stellung eines (unverzüglichen) Insolvenzantrags bei Zahlungsunfähigkeit oder Überschuldung sollte ersatzlos gestrichen und durch ein bloßes Antragsrecht (auch ohne Insolvenzgrund) der Geschäftsleiter einer Kapitalgesellschaft ersetzt werden. Gleichzeitig sollte dann eine *wrongful trading*-Haftung in etwa wie folgt normiert werden:[53]

> „Geschäftsleiter, die eine Gesellschaft fortführen, obwohl sie wissen oder wissen müssen, dass die Gesellschaft innerhalb des nächsten Jahres zahlungsunfähig und/oder überschuldet zu werden droht, sind der Gesellschaft für die dadurch bewirkte Netto-Vermögensminderung verantwortlich; die Haftung tritt nicht ein, wenn die Geschäftsleiter alle kaufmännisch gebotenen Maßnahmen ergriffen haben, um den Unternehmenswert zu maximieren."

Mit einer solchen Vorschrift würde ein wirksamer Anreiz zur rechtzeitigen Auslösung eines außergerichtlichen Sanierungsvorhabens gesetzt. Ist die Zahlungsunfähigkeit oder die Überschuldung einer Gesellschaft prospektiv für das nächste Jahr überwiegend wahrscheinlich („drohende" Zahlungsunfähigkeit oder Überschuldung), so stellt die Vorschrift die Geschäftsleiter vor die Wahl, entweder ein Insolvenzverfahren zu beantragen, oder aber alle kaufmännisch gebotenen Maßnahmen für eine außergerichtliche Sanierung ins Werk zu setzen. Dadurch werden zum einen der Auslösezeitpunkt für eine solche Sanierung deutlich

---

[52] BGH, Urt. v. 12.12.1991, BGHZ 116, 319.
[53] Vgl. *Eidenmüller* EBOR 7 (2006), 239, 251 ff.

vorverlegt und das verfügbare Zeitfenster erheblich vergrößert. Zum anderen werden die Geschäftsleiter daran erinnert, dass sie sich bei einem außergerichtlichen Sanierungsvorhaben an den professionellen Standards für die Durchführung solcher Vorhaben zu orientieren haben, um eine persönliche Haftung zu vermeiden.[54] Die Haftung nach der Vorschrift griffe auch dann nicht ein, wenn zwar die Zahlungsunfähigkeit bzw. Überschuldung bereits eingetreten ist, aber nach wie vor eine sinnvolle außergerichtliche Sanierung angestrebt wird, oder aber Zahlungsunfähigkeit bzw. Überschuldung prospektiv unvermeidbar ist, aber das außergerichtliche Sanierungsvorhaben der Vorbereitung einer geplanten (strategischen) – und den Unternehmenswert maximierenden – Insolvenz dient. Ein weiterer Vorteil der hier befürworteten Reform liegt darin, dass sie die bisher bestehende zwingende Insolvenzantragspflicht bei Zahlungsunfähigkeit bzw. Überschuldung abschafft. Diese Pflicht trägt zur Wahrnehmung der Insolvenzordnung als „Zwangsrecht" bei, während die vorgeschlagene Neuregelung darauf angelegt ist, das Insolvenzrecht eher als Problemlösungshilfe für Not leidende Unternehmen anzubieten.

Als Alternative zu dieser Neuregelung ist von anderer Seite befürwortet worden, die Pflicht zur Stellung eines Insolvenzantrages bei Zahlungsunfähigkeit oder Überschuldung im Grundsatz beizubehalten, jedoch die Maximalfrist von drei Wochen auf sechs bzw. zwölf Monate auszudehnen.[55] Nach diesem Vorschlag müsste ein Insolvenzantrag bei Zahlungsunfähigkeit oder Überschuldung unverzüglich, spätestens aber nach sechs/zwölf Monaten gestellt werden. Damit würde das Zeitfenster für eine außergerichtliche Sanierung zwar ebenfalls erheblich vergrößert. Das Grundproblem des gegenwärtigen Status Quo, die zu späte Einleitung eines solchen Sanierungsvorhabens, bliebe jedoch ungelöst. Deshalb ist der hier gemachte Vorschlag einer grundlegenden Reform des Rechts der Insolvenzantragsgründe vorzugswürdig.

### b) Koordination des Gläubigerhandelns

Soweit es um das Problem der mangelnden Koordination des Gläubigerhandelns bei einem außergerichtlichen Sanierungsvorhaben geht, lässt sich zunächst bereits durch privatautonome Mechanismen eine Verbesserung

---

[54] Maßgebliche Bedeutung wird insoweit voraussichtlich der neue IDW Standard „Anforderungen an die Erstellung von Sanierungskonzepten" (IDW ES 6) erhalten. Der Entwurf (Stand: 1.8.2008) ist abrufbar unter http://www.idw.de/idw/portal/d302226/index.jsp.

[55] Vgl. Böcker/Poertzgen GmbHR 2008, 1289, 1295.

des Status Quo bewirken. Zum einen können die Koordinationsprobleme schon dadurch gelindert werden, dass bestimmte, besonders wichtige Gläubiger bei der Finanzierung eines Unternehmens in unterschiedliche Rollen „schlüpfen" und so die Rollenkonflikte gleichsam internalisieren, die sonst zwischen verschiedenen Beteiligten auftreten würden (sogenanntes *strip financing*).[56] Das geschieht etwa, wenn eine maßgebliche Bank gleichzeitig als Kreditgeberin, Anteilseignerin, Emissionsbank für eine Anleihe sowie Kreditversicherin von Gläubigeransprüchen auftritt. Eine weitere Möglichkeit der privatautonomen Minimierung von Koordinationsproblemen liegt darin, in Anleihen oder syndizierte Kredite (Kredite, die von mehreren Banken gemeinsam vergeben werden) Mehrheitsklauseln aufzunehmen, die eine Änderung der Anleihe- bzw. Kreditbedingungen auch gegen den Willen einzelner Beteiligter ermöglichen. Schließlich ist an die Etablierung von *soft law* zu denken, das in Sanierungssituationen eine zumindest informelle Anleitung für das Verhalten der Beteiligten gibt. Das berühmteste dieser Regelwerke ist der sogenannte *London Approach*, der in den achtziger und neunziger Jahren des vergangenen Jahrhunderts für außergerichtliche Sanierungen in der *City of London* das maßgebliche informelle Rahmenregelwerk für das Vorgehen in Sanierungssituationen gewesen ist.[57]

Neben den geschilderten privatautonomen Mechanismen sind aber auch veränderte gesetzliche/richterrechtliche Regeln erforderlich, um die Koordinationsprobleme bei außergerichtlichen Sanierungen zu lösen. Den soeben erwähnten Mehrheitsklauseln in Anleihebedingungen stand nach deutschem Recht, sofern dieses auf eine bestimmte Anleihe anwendbar ist, bis vor kurzem § 12 Abs. 3 des Schuldverschreibungsgesetzes (SchVG) entgegen. Nach dieser Vorschrift konnte auf Kapitalansprüche nicht mit Mehrheitsentscheidung verzichtet werden. Der deutsche Gesetzgeber erkannte, dass hier ein wesentliches Hindernis für außergerichtliche Sanierungen liegen kann, das gleichzeitig die Attraktivität des deutschen Rechts für Anleiheemissionen herabsetzt. Demzufolge legte

---

[56] *Jensen* J. of Appl. Corp. Fin. 2 (1989), 35, 43.

[57] Zum *London Approach* vgl. etwa *Kent* J. of Int. Banking Law 8 (1993), 81; *Eidenmüller* (o. Fn. 43), S. 236 ff.; *Armour/Deakin* JCLS 1 (2001), 21; *Finch*, Corporate Insolvency Law, 2002, S. 219 ff. Der *London Approach* hat inzwischen stark an Bedeutung eingebüßt, weil er sehr auf die dominierende Rolle weniger Banken in dem Restrukturierungsprozess zugeschnitten ist und diese Situation heute regelmäßig so nicht mehr besteht. Als Regelwerk bedeutsam sind daneben vor allem die INSOL-Prinzipien, vgl. *INSOL International*, Statements of Principles for a Global Approach to Multi-Creditor Workouts, 2000, abrufbar unter http://www.insol.org/pdf/Lenders.pdf.

die Bundesregierung im Februar 2009 einen Gesetzentwurf mit dem Ziel der Reform des SchVG vor.[58] Nach dem dort vorgesehenen § 5 Abs. 3 SchVG n.F. soll in Zukunft unter anderem auch die Verringerung der Hauptforderung durch Mehrheitsbeschluss zulässig sein. Das Gesetz ist am 5.8.2009 in Kraft getreten.[59] Dies ist zu begrüßen.

Schließlich sollte der Bundesgerichtshof seine Akkordstörer-Rechtsprechung überprüfen und aufgeben, sobald sich eine passende Gelegenheit bietet. Die Gläubiger eines Not leidenden Unternehmens sind in der Krise in gesellschaftsähnlicher Weise miteinander verbunden. Aus dieser Sonderverbindung lassen sich Kooperationspflichten entwickeln: etwa eine Stillhaltepflicht, aber auch Zustimmungspflichten zu Sanierungsmaßnahmen wie der Gewährung eines Überbrückungs- oder Sanierungskredits.[60] Selbst wenn man diesen Schritt nicht mitgehen möchte, so bietet doch § 826 BGB ausreichend Raum für die Entwicklung von gewissen Pflichten der Gläubiger bei einem außergerichtlichen Sanierungsvorhaben, ähnlich wie dies der Bundesgerichtshof mit seiner Girmes-Rechtsprechung für die Treuepflichten der Aktionäre auf der „Innenseite" eines Reorganisationsvorhabens getan hat.[61] Die völlige Freiheit eines jeden einzelnen Beteiligten, bei einem außergerichtlichen Sanierungsvorhaben mitzuwirken oder eben nicht, wendet sich mittel- bzw. langfristig gegen sich selbst: Sie bewirkt ein Scheitern solcher Vorhaben auch dann, wenn diese den Netto-Unternehmenswert maximieren und deswegen im Interesse aller liegen.

### 3. Vorinsolvenzrechtliches Sanierungsgesetz?

Die Schlüsselfrage im Hinblick auf die Reform des derzeitigen deutschen außergerichtlichen Sanierungsregimes geht dahin, ob ein eigenständiges vorinsolvenzrechtliches Sanierungsgesetz zu befürworten ist oder nicht.

---

[58] Entwurf eines Gesetzes zur Neuregelung der Rechtsverhältnisse bei Schuldverschreibungen aus Gesamtemissionen und zur verbesserten Durchsetzbarkeit von Ansprüchen von Anlegern aus Falschberatung, BT-Drucks. 16/12814 v. 29.4.2009, abrufbar unter http://dip21.bundestag.de/dip21/btd/16/128/1612814.pdf. Noch zum vorangegangenen Referentenentwurf vgl. etwa *Eidenmüller* ZZP 121 (2008), 273, 283 ff.; *Hopt*, FS Schwark, 2009, S. 441, 443 ff.

[59] Gesetz zur Neuregelung der Rechtsverhältnisse bei Schuldverschreibungen aus Gesamtemissionen und zur verbesserten Durchsetzbarkeit von Ansprüchen von Anlegern aus Falschberatung v. 31.7.2009, BGBl. 2009 I, S. 2512.

[60] Ausführlich *Eidenmüller* (o. Fn. 43), S. 551 ff.

[61] BGH, Urt. v. 20.3.1995, BGHZ 129, 136.

Als gewisses Vorbild für ein solches Gesetz könnte das CVA-Verfahren in England dienen, das einer der wesentlichen Gründe für den Erfolg des englischen Rechts im derzeitigen Wettbewerb der Insolvenzregime ist. Es empfiehlt sich, zunächst ein genaueres Bild der sinnvollen Regelungsinhalte eines vorinsolvenzrechtlichen Sanierungsgesetzes zu zeichnen, bevor dann in einem zweiten Schritt eine Abwägung der für und gegen ein solches Gesetz vorgetragenen Argumente erfolgt und eine rechtspolitische Empfehlung ausgesprochen wird.

Der wesentliche Zweck eines vorinsolvenzrechtlichen Sanierungsgesetzes könnte meines Erachtens nur darin liegen, Not leidenden Unternehmen eine rasche finanzielle Sanierung (Bilanzsanierung) zu ermöglichen.[62] Die Rahmenbedingungen für eine umfassende, auch operative Restrukturierung zu setzen, wäre demgegenüber nicht Aufgabe eines solchen Regelwerkes. Das bedeutet, dass ein vorinsolvenzrechtliches Sanierungsgesetz „schlank" gehalten werden und sich auf die für eine finanzielle Sanierung unerlässlichen Regelungen beschränken müsste. Es sollte freiwillig und jederzeit durch die Geschäftsleitung eines restrukturierungsbedürftigen Unternehmens ausgelöst werden können.[63] Würde ein entsprechender Antrag gestellt, so müsste ein späterer Antrag bezüglich eines regulären Insolvenzverfahrens gesperrt sein.[64] Sinnvoll erscheint eine Stillhaltepflicht (Moratorium, *automatic stay*) während der Dauer des Verfahrens.[65] Es sollte verwalterlos bzw. allenfalls unter Aufsicht eines Sachwalters geführt werden können.[66]

Zur Lösung des Trittbrettfahrerproblems wäre vorzusehen, dass über Sanierungsmaßnahmen mit Mehrheit der Gläubiger entschieden werden kann. Allerdings sollte der Abstimmungsmechanismus so einfach wie möglich gehalten werden. Insolvenzverfahren dienen der gemeinschaftlichen Gläubigerbefriedigung. Sie sind kapitalbezogene Verfahren, das heißt, die legitimen Interessen eines Beteiligten sind relativ zur Höhe seiner kapitalmäßigen Betroffenheit zu sehen. Wie unter den für ein CVA geltenden Regeln[67] sollte für die Verabschiedung von Sanierungs-

---

[62] Vgl. *Eidenmüller* ZZP 121 (2008), 273, 291 f. Ähnlich *Jaffé/Friedrich* ZIP 2008, 1849, 1856.

[63] Ebenso *Jaffé/Friedrich* ZIP 2008, 1849, 1857.

[64] Ebenso *Jaffé/Friedrich* ZIP 2008, 1849, 1858.

[65] Ebenso *Jaffé/Friedrich* ZIP 2008, 1849, 1856. Ein Moratorium kann nach Section 1A, Schedule A1 Insolvency Act 1986 (in der Fassung des Enterprise Act 2002) auch in einem CVA-Verfahren erlangt werden.

[66] Tendenziell a.A. *Jaffé/Friedrich* ZIP 2008, 1849, 1857 (primär Ernennung eines kompetenten Sanierungsverwalters durch das zuständige Gericht).

[67] Vgl. Rules 1.19(1) und 1.19(4) Insolvency Rules 1986.

maßnahmen eine 75 Prozent-Kapitalmehrheit der Gläubiger genügen.[68]
Eine gesonderte Kopfmehrheit ist nicht erforderlich bzw. sinnvoll. Im
Rahmen eines gerichtlichen Bestätigungsverfahrens wäre sicherzustellen,
dass die stipulierten Verfahrensanforderungen eingehalten wurden.

Ist ein vorinsolvenzrechtliches Sanierungsgesetz auf dieser Basis zu
befürworten? Ich bin insoweit skeptisch, und zwar aus einer Reihe von
Gründen. Zum einen scheint mir die Gefahr einer „Überregulierung" zu
bestehen. Ich befürchte, dass ein vorinsolvenzrechtliches Sanierungsgesetz mit „deutscher Gründlichkeit" weit über die hier skizzierten Regelungsinhalte hinausgehen und zu einem umfangreichen, „vollständigen"
Sanierungsgesetz ausgebaut würde. Es würden möglicherweise sehr detaillierte Verfahrensvorschriften festgelegt, Informationspflichten normiert, Anfechtungsbestimmungen getroffen, vorgesehen, dass ein Verwalter das Verfahren führt etc. Wenn das vorinsolvenzrechtliche
Sanierungsgesetz aber ein entsprechend „vollständiges" Sanierungsgesetz
würde, dann wäre zu befürchten, dass die (Kosten-)Vorteile außergerichtlicher Sanierungen verloren gingen. Diese Vorteile hängen, wie bereits ausgeführt, davon ab, dass eine außergerichtliche Sanierung flexibel,
schnell und möglichst geräuschlos abläuft. Je stärker rechtlich durchnor-
miert ein entsprechendes Verfahren ist, desto weniger ist zu erwarten,
dass eine entsprechend unreglementierte, rasche und lautlose Abwicklung
noch gelingen kann.

Es kommt hinzu, dass ein vorinsolvenzrechtliches Sanierungsgesetz
zwangsläufig die Insolvenzordnung und insbesondere deren Planverfahren als Sanierungsinstrument entwerten würde, und zwar auch dann,
wenn es sich um ein vergleichsweise „schlankes" Regelwerk handelte. Die
Diskussion um die (potenziellen) Insolvenzverfahren bei Opel bzw. Arcandor hat deutlich gezeigt, in welchem Maße Insolvenzrecht in der
breiten Bevölkerung ohnehin mit Liquidationsrecht gleichgesetzt wird.
Diese Wahrnehmung würde durch ein eigenständiges vorinsolvenzrechtliches Sanierungsgesetz noch verstärkt, und man müsste sich konsequen-
terweise fragen, welchen Stellenwert das Planverfahren als wesentliche
Sanierungskomponente der Insolvenzordnung noch behielte. Mittelfris-
tig drohte so die Einheitlichkeit des Insolvenzrechts verloren zu gehen,
und wir würden uns möglicherweise wieder einem Zustand annähern,
wie er mit der Dualität von Konkursordnung und Vergleichsordnung
über Jahrzehnte hinweg bestanden hat. Das aber wäre sicherlich ein
Rückschritt.

---

[68] Vgl. *Eidenmüller* ZIP 2007, 1729, 1735 f.

Schlussendlich ist zu beachten, dass sich in einem vorinsolvenzrechtlichen Sanierungsgesetz Eingriffe in Gesellschafterrechte nicht realisieren
lassen. Nach der Zweiten Gesellschaftsrechtlichen Richtlinie (Kapitalrichtlinie) und ihrer Konkretisierung durch die Rechtsprechung des
Europäischen Gerichtshofes ist eine Entmachtung der Aktionäre einer
Aktiengesellschaft außerhalb eines „echten" Insolvenzverfahrens, das
zumindest potenziell mit der Liquidation des Unternehmens enden kann
und in dem das Vermögen der Gesellschaft nur mehr der Gläubigerbefriedigung dient, ausgeschlossen.[69] Zu den wesentlichen Instrumenten
einer Bilanzsanierung in Krisensituationen gehört aber der Tausch von
Forderungen in Eigenkapital (*debt-equity-swap*).[70] Gegen den Willen der
Gesellschafter lassen sich damit Kapitalmaßnahmen in einem vorinsolvenzrechtlichen Sanierungsgesetz nicht realisieren, und das bedeutet,
dass diese ein strategisches Blockadepotenzial gegen einen *debt-equity-
swap* besitzen. Insgesamt ist aus den genannten Gründen deshalb
rechtspolitisch ein eigenständiges vorinsolvenzrechtliches Sanierungsgesetz nicht zu befürworten.[71]

## V. Insolvenzordnung als Sanierungsinstrument

Damit stellt sich umso dringender die Frage nach der Eignung der Insolvenzordnung als Instrument zur Sanierung Not leidender Unternehmen
sowie nach möglichen Verbesserungen des Status Quo. Dabei sind drei
Problemkreise zu unterscheiden. Zum einen geht es um allgemeine
sanierungsbezogene Regelungsbereiche der InsO. Zum anderen ist
insbesondere das Insolvenzplanverfahren (§§ 217 ff. InsO) als spezielles
Regelwerk für Unternehmenssanierungen in den Blick zu nehmen.
Zuletzt ist schließlich auf Vorschriften zur Insolvenz von miteinander
konzernmäßig verbundenen Rechtsträgern einzugehen. International,
aber auch national ist der Zusammenbruch eines gößeren Unternehmens
heute regelmäßig ein Fall der sogenannten „Konzerninsolvenz".

---

[69] Vgl. vor allem EuGH, Urt. v. 12.3.1996, Rs. C-441/93 (*Pafitis*), Slg.
1996, I-1347, Rz. 57 ff.; ausführlich *Eidenmüller/Engert* ZIP 2009, 541, 547 f.
m.w.N.
[70] Vgl. *Eidenmüller/Engert* ZIP 2009, 541, 542 f.; *Hofert/Möller* GmbHR
2009, 527.
[71] Im Ergebnis ebenso *Uhlenbruck* NZI 2008, 201, 204.

## 1. Allgemeine Fragen

Im Hinblick auf die allgemeinen Fragen einer Reform der InsO als Sanierungsinstrument stehen zwei Themenbereiche im Vordergrund: zum einen die Verwalterauswahl und zum anderen das für Deutschland vergleichsweise neue Rechtsinstitut der Eigenverwaltung (§§ 270 ff. InsO). Reformanregungen können in beiden Fällen aus dem anglo-amerikanischen Ausland gewonnen werden. Soweit es um die Verwalterauswahl geht, besitzt das Recht der *administration* in England möglicherweise einen gewissen Vorbildcharakter; im Hinblick auf das Rechtsinstitut der Eigenverwaltung ist es das Chapter 11-Verfahren in den Vereinigten Staaten von Amerika.

### a) Gläubigereinfluss / Rechtssicherheit bei der Verwalterauswahl

Die Auswahl des Insolvenzverwalters ist ein auch in Deutschland schon lange kontrovers diskutiertes Thema.[72] Gemäß § 56 Abs. 1 InsO hat das Insolvenzgericht zum Insolvenzverwalter eine für den Einzelfall geeignete, insbesondere geschäftskundige und von den Gläubigern und dem Schuldner unabhängige natürliche Person zu bestellen. Die wesentliche Entscheidung fällt regelmäßig allerdings bereits deutlich früher, nämlich bei der Bestellung des vorläufigen Insolvenzverwalters, für den § 56 InsO entsprechend gilt (vgl. § 21 Abs. 2 Ziff. 1 InsO). Zumeist sind vorläufiger Insolvenzverwalter und schließlich bestellter Insolvenzverwalter im eröffneten Insolvenzverfahren personenidentisch.

Auf die Bestellung des vorläufigen Insolvenzverwalters sowie auf diejenige des Insolvenzverwalters im eröffneten Insolvenzverfahren haben die Gläubiger keinen formellen Einfluss. Sie können lediglich gemäß § 57 Satz 1 InsO in der ersten Gläubigerversammlung, die auf die Bestellung des Insolvenzverwalters folgt, an dessen Stelle eine andere Person wählen. Dieses Recht ist jedoch praktisch nicht viel wert, weil zu dem Zeitpunkt einer solchen ersten Gläubigerversammlung die weichenstellenden Entscheidungen im Insolvenzverfahren längst getroffen wurden.

Nun kann man argumentieren, dass der derzeitige Status Quo für die Gläubiger doch gar nicht so problematisch sei. Die deutschen Insolvenzgerichte bestellen in der Regel gut geeignete Persönlichkeiten zu vorläu-

---

[72] Aus der Fülle der Diskussionsbeiträge vgl. an dieser Stelle nur die Empfehlungen der sogenannten Uhlenbruck-Kommission, ZIP 2007, 1432 ff., sowie *Römermann* NJW 2002, 3729. Zur derzeitigen Praxis vgl. *Gravenbrucher Kreis*, Die Bestellpraxis von Unternehmensinsolvenzverwaltern, Beilage zu ZIP 27/2009.

figen Insolvenzverwaltern bzw. Insolvenzverwaltern. Es wäre daher eine Fehldeutung der gegenwärtigen Praxis, wollte man von einem echten Missstand reden. Nichtsdestotrotz sind Defizite zu konstatieren. Auch wenn zumeist gut qualifizierte Persönlichkeiten bestellt werden, ist doch nicht zu verkennen, dass auch in einzelnen bedeutenden Insolvenzverfahren möglicherweise nicht immer die am besten geeignete Person zum Zuge kommt. Darüber hinaus ist es für die Gläubiger *ex ante* außerordentlich schwierig, zu antizipieren, wen das Insolvenzgericht als vorläufigen Insolvenzverwalter bzw. Insolvenzverwalter (im eröffneten Insolvenzverfahren) bestellen wird. Diese mangelnde Berechenbarkeit ist deshalb problematisch, weil von der Person des (vorläufigen) Insolvenzverwalters die Verfahrensführung stark abhängt. Nimmt man schließlich § 1 Satz 1 der InsO in den Blick, in dem der fundamentale Grundsatz der kollektiven Gläubigerbefriedigung als überragendes Ziel des Insolvenzverfahrens festgelegt wird, so kann man festhalten, dass die Stärkung des Gläubigereinflusses bei der Verwalterbestellung und die Verbesserung der Transparenz des Ausleseprozesses rechtspolitisch geboten sind.[73] Damit würde sich das deutsche Insolvenzrecht auch in Richtung der Lösung in anderen Rechtsordnungen bewegen. So ist etwa in England eine außergerichtliche Benennung (*out-of-court appointment*) eines Insolvenzverwalters durch den Inhaber eines qualifizierten Sicherungsrechts über das Unternehmensvermögen (*qualified floating charge holder*) möglich.[74]

Natürlich muss jede Reform des Status Quo in Richtung einer Stärkung des Gläubigereinflusses/der Rechtssicherheit bei der Verwalterbestellung im Auge behalten, dass die Unabhängigkeit des Verwalters ein hohes Gut ist, das nicht gefährdet werden darf. Zu seinen Aufgaben gehört es insbesondere, Haftungs- und Anfechtungsansprüche auch und gerade gegenüber Großgläubigern des Not leidenden Unternehmens durchzusetzen. Es muss sichergestellt sein, dass die Interessenwahrung seitens des Insolvenzverwalters für *alle* Gläubiger nicht gefährdet wird. Dieses Ziel aber kann mit den einschlägigen Vorschriften schon heute erreicht werden. Gemäß § 60 Abs. 1 InsO ist ein Insolvenzverwalter allen Beteiligten zum Schadensersatz verpflichtet, wenn er schuldhaft die Pflichten verletzt, die ihm nach diesem Gesetz obliegen. Es ist nicht zweifelhaft, dass diese Haftung einen Insolvenzverwalter trifft bzw.

---

[73] Weitere Reformimpulse, die an dieser Stelle nicht ausgeschöpft werden können, gehen von der Europäischen Dienstleistungsrichtlinie 2006/123/EG v. 12.12.2006, ABl. L 376 v. 27.12.2006, S. 36 ff., aus.

[74] Insolvency Act 1986 (in der Fassung des Enterprise Act 2002), Schedule B1, paras. 2, 6, 14.

treffen würde, wenn er liquide Haftungs- bzw. Anfechtungsansprüche gegen bestimmte Gläubiger nicht geltend macht. Dies sollte als Anreiz für unparteiliches Verhalten genügen. Es kommt hinzu, dass ein Insolvenzverwalter gemäß § 58 InsO unter der Aufsicht des Insolvenzgerichts steht und gemäß § 59 InsO bei gravierenden Pflichtverletzungen der beschriebenen Art auch aus seinem Amt entlassen werden kann.

Es erscheint deshalb durchaus vertretbar, einer qualifizierten Gläubigerminderheit bereits bei Antragstellung ein das Insolvenzgericht bindendes Vorschlagsrecht bezüglich eines bestimmten (vorläufigen) Insolvenzverwalters zu geben. Insolvenzverfahren sind, wie bereits erwähnt, kapitalbezogene Verfahren, in denen das Gewicht einer Stimme nach dem Ausmaß der wirtschaftlichen Betroffenheit bemessen werden sollte. Wenn daher beispielsweise mehr als 25 Prozent (Kapitalanteil) der voraussichtlich stimmberechtigten Gläubiger – die Erfüllung dieses Kriteriums wäre glaubhaft zu machen – bei Stellung eines Insolvenzantrages eine bestimmte Person als (vorläufigen) Insolvenzverwalter vorschlagen, so sollte das Insolvenzgericht an diesen Vorschlag gebunden sein, wenn der Vorgeschlagene nicht offensichtlich zur Übernahme des Amtes ungeeignet ist.[75] Unbenommen bliebe den Gläubigern selbstverständlich das Recht, nach § 57 InsO in der ersten Gläubigerversammlung einen anderen Insolvenzverwalter zu wählen. Auch dafür sollte allerdings die einfache Kapitalmehrheit genügen. Einer zusätzlichen Kopfmehrheit bedarf es nicht.[76]

### b) Gläubigereinfluss / Rechtssicherheit bei der Eigenverwaltung

Die derzeitigen Probleme im Hinblick auf das Rechtsinstitut der Eigenverwaltung sind ähnlich gelagert wie diejenigen bezüglich der Verwalterbestellung: Sie liegen vor allem in der mangelnden Berechenbarkeit für den Schuldner und seine Gläubiger.[77] Das Rechtsinstitut der Eigenverwaltung ist für das deutsche Insolvenzrecht ein Novum.[78] Es wurde 1999 nach dem Vorbild des Chapter 11-Verfahrens in den USA eingeführt. Letzteres ist grundsätzlich ein verwalterloses Verfahren. Gemäß § 270 InsO kann das Insolvenzgericht bei Insolvenzeröffnung

---

[75] Vgl. zu diesem Vorschlag *Eidenmüller* ZIP 2007, 1729, 1734. Im Grundsatz dem folgend *Westpfahl/Friedrich* Beilage zu ZIP 3/2008, S. 13, die aber eine Unterstützung durch eine mindestens 50%-Kapitalmehrheit verlangen.

[76] *Eidenmüller* ZIP 2007, 1729, 1734.

[77] Ähnlich die Einschätzung von *Uhlenbruck/Vallender* NZI 2009, 1, 7.

[78] Gewisse Ähnlichkeiten bestehen lediglich zu dem Vergleichsverfahren nach der – mit Inkrafttreten der Insolvenzordnung – aufgehobenen Vergleichsordnung (VerglO).

Eigenverwaltung anordnen, sofern sie vom Schuldner beantragt wurde, ein den Eröffnungsantrag etwa stellender Gläubiger dem Antrag des Schuldners auf Eigenverwaltung zugestimmt hat und – das ist das wichtigste Kriterium – wenn nach den Umständen zu erwarten ist, dass die Anordnung nicht zu einer Verzögerung des Verfahrens oder zu sonstigen Nachteilen für die Gläubiger führen wird.

Im Kern geht es bei der Eigenverwaltung darum, dass dem Schuldner ein Anreiz gegeben werden soll, das Insolvenzverfahren als Problemlösungshilfe zu nutzen und möglichst frühzeitig einzuleiten. Gleichzeitig sollen etwaige besondere Kenntnisse und Fähigkeiten des Schuldners für die Insolvenzbewältigung nutzbar gemacht werden. Dem berechtigten Einwand, dass derjenige, der die Insolvenz möglicherweise verursacht hat, doch nicht derjenige sein könne, der sie bewältigt bzw. bewältigen soll, trägt der Gesetzgeber zum einen mit dem zitierten Kriterium Rechnung, dass die Anordnung der Eigenverwaltung nicht zu Nachteilen für die Gläubiger führen darf. Zum anderen ist gemäß § 270 Abs. 3 InsO bei Anordnung der Eigenverwaltung ein Sachwalter zu bestellen, der die Geschäftstätigkeit des Schuldners überwacht.

Das große Problem des Status Quo für den Schuldner liegt darin, dass er bei Beantragung der Eigenverwaltung nicht bzw. kaum abschätzen kann, ob das Insolvenzgericht dem Antrag entsprechen oder aber etwaige Nachteile für die Gläubiger erkennen und ihn deshalb ablehnen wird. Regelmäßig versuchen Schuldner ihren Antrag deshalb dadurch zu plausibilisieren, dass vorher anerkannte Insolvenzverwalter oder Restrukturierungsspezialisten in die Geschäftsleitung beordert werden. Man holt sich den Insolvenzverwalter gewissermaßen „ins Haus", so etwa geschehen im Falle Arcandor.[79] Auf diese Weise, so scheint es, lassen sich Befürchtungen einer Eigentümer- bzw. Managementbegünstigung durch das Institut der Eigenverwaltung zerstreuen. Auch dann jedoch ist bei Antragstellung keineswegs sicher, ob das Gericht nicht doch Nachteile für die Gläubiger erkennen und den Antrag deshalb ablehnen wird. Auch wird das Rechtsinstitut der Eigenverwaltung gleichsam in sein Gegenteil verkehrt, wenn für einen erfolgversprechenden Antrag faktisch ein Insolvenzverwalter zum Geschäftsleiter bestellt werden muss. Die Erhöhung der Rechtssicherheit bezüglich der angestrebten Eigenverwaltung bei

---

[79] Nach Presseberichten wurde Horst Piepenburg am 9.6.2009 zum Generalbevollmächtigten ernannt, vgl. „Meisterstück für den Supersanierer", abrufbar unter http://www.spiegel.de/wirtschaft/0,1518,629665,00.html. Nach dessen Abgang am 16.7.2009 wurde auf die Bestellung eines Nachfolgers verzichtet, siehe http://www.manager-magazin.de/unternehmen/artikel/0,2828,636698,00.html.

Antragstellung ist und bleibt deswegen ein wesentliches rechtspolitisches Anliegen.

Rechnung getragen werden könnte diesem Anliegen, indem der Gesetzgeber – ähnlich wie oben bezüglich der Insolvenzverwalterbestellung vorgeschlagen – einer qualifizierten Gläubigerminderheit ein bindendes „Genehmigungsrecht" für eine beantragte Eigenverwaltung einräumt.[80] Stellt der Schuldner zusammen mit dem Antrag auf Eröffnung des Insolvenzverfahrens einen Antrag auf Eigenverwaltung, und wird dieser Antrag von mehr als 25 Prozent (Kapitalanteil) der voraussichtlich stimmberechtigten Gläubiger unterstützt, so wäre nach diesem Vorschlag für das Insolvenzgericht unwiderleglich zu vermuten, dass die Eigenverwaltung zu keinen Nachteilen für die Gläubiger führen wird. Wenn eine entsprechend signifikante Gläubigergruppe dieses Vorgehen befürwortet, ist nicht zu sehen, warum ein außenstehendes Gericht zu dem Ergebnis kommen dürfte, dass die Eigenverwaltung gleichwohl für die Gläubiger, also die unmittelbar Betroffenen, Nachteile mit sich bringen sollte, zudem ja auch bei einer angeordneten Eigenverwaltung zwingend ein Sachwalter zum Schutz der Gläubigerinteressen einzusetzen ist.

## 2. Insolvenzplanverfahren

Unter dem Gesichtspunkt einer angestrebten Unternehmenssanierung von zentraler Bedeutung ist das Insolvenzplanverfahren der Insolvenzordnung (§§ 217 ff. InsO). Der Gesetzgeber hat es zwar als universelles Instrument der Masseverwertung konzipiert.[81] In der Rechtspraxis spielt es jedoch nur als Sanierungsinstrument eine wichtige Rolle. Dabei gibt es in verschiedener Hinsicht ein erhebliches Reformpotenzial.

### a) Erleichterung von debt-equity-swaps

Wie bereits erwähnt, sind *debt-equity-swaps* (DES) ein wichtiges Instrument der finanzwirtschaftlichen Sanierung einer Not leidenden Kapitalgesellschaft. Häufig maximiert eine Reorganisation des alten Rechtsträgers (und nicht eine übertragende Sanierung) die den Gläubigern zur Verfügung stehende Netto-Haftungsmasse. Eine solche Reorganisation lässt sich jedoch nicht ohne einen massiven Abbau der Schuldenlast des Unternehmens und gleichzeitig durch die Zurverfügungstellung neuen Kapitals bewerkstelligen. Ein probates Mittel, die Schuldenlast

---

[80] Vgl. zu diesem Vorschlag *Eidenmüller* ZIP 2007, 1729, 1735.
[81] Vgl. BT-Drucks. 12/2443 v. 15.4.1992, S. 83, 90 f.

zu reduzieren, ist die Umwandlung von Forderungen in Eigenkapital. Praktisch vollzieht sie sich über eine (nominelle) Kapitalherabsetzung und eine anschließende effektive Kapitalerhöhung, bei der Forderungen von Gläubigern als Sacheinlage eingebracht werden. So werden die Gläubiger zu den neuen Eigentümern des Unternehmens. Gleichzeitig verringert sich dessen Bedarf an frischem Kapital.

Die Probleme des Status Quo liegen in dem strategischen Blockadepotenzial der Altgesellschafter.[82] Diese müssen über die Kapitalmaßnahmen bezüglich des Not leidenden Rechtsträgers entscheiden und können damit die Konditionen beeinflussen, zu denen ein DES durchgeführt wird. Damit besitzen sie die Möglichkeit, sich einen Teil des potenziellen Sanierungsgewinns anzueignen.

Ein ähnliches Blockadepotenzial haben sie weder unter dem Regime des englischen CVA noch unter demjenigen des Chapter 11-Verfahrens in den USA. In beiden Fällen können Insolvenz- bzw. Reorganisationspläne auch gegen den Willen der Altgesellschafter und zu ihren Lasten umgesetzt und damit ein DES realisiert werden.[83] Rechtspolitisch gibt es für eine so starke Stellung, wie sie die Altgesellschafter unter dem gegenwärtigen deutschen Insolvenzrecht besitzen, auch keinen überzeugenden Grund. Die Eigentümer einer Not leidenden Kapitalgesellschaft sind Residualberechtigte, haben also erst dann legitimerweise etwas zu beanspruchen, wenn alle vorrangig Berechtigten, und das sind alle Gläubiger, *voll* befriedigt werden können.[84]

*De lege ferenda* lässt sich diesen Überlegungen dadurch Rechnung tragen, dass die Gesellschafter als *nachrangig Berechtigte* in das Insolvenzplanverfahren einbezogen werden.[85] Für sie ist, sofern in ihre Rechtsstel-

---

[82] Vgl. MünchKommInsO/*Eidenmüller* (o. Fn. 44), § 217 Rz. 74 ff. m.w.N.; *Braun*, FS Fischer, 2008, S. 53, 62 ff.; *Marotzke* JZ 2009, 763, 766 f.

[83] In das US-amerikanischen Reorganisationsverfahren sind die Anteilseigner – wie die Gläubiger – als (eine oder mehrere) Gruppe(n) integriert, vgl. 11 U.S.C. § 1123(a)(1). Der Plan kann Änderungen des Gesellschaftsvertrages vorsehen (11 U.S.C. § 1123(a)(5)(I)) sowie die Ausgabe neuer Gesellschaftsanteile, etwa an die Gläubiger (11 U.S.C. § 1123(a)(5)(J)). Ähnlich wie nach § 225 Abs. 1 InsO gelten Gesellschaftsanteile als erlassen, sofern der Plan nichts anderes bestimmt, 11 U.S.C. 1141(d)(1)(B). Zur Praxis vgl. nur *Baird/Bernstein* Yale L.J. 115 (2006), 1930, 1932 f.: „Old equityholders [...] typically are wiped out." Zur Rechtslage im CVA-Verfahren ausführlich *Eidenmüller* ZIP 2007, 1729, 1736 m.w.N. Vgl. auch *McCormack*, Corporate Rescue Law – An Anglo-American Perspective, 2008, S. 67 ff.

[84] Vgl. *Eidenmüller/Engert* ZIP 2009, 541, 543 ff.

[85] Vgl. *Eidenmüller/Engert* ZIP 2009, 541, 548 ff. *Drouven* ZIP 2009, 1052, 1053, schlägt demgegenüber eine Spaltung nach dem UmwG vor. Aber damit

lung eingegriffen werden soll, eine eigene Gruppe zu bilden. Abstimmen sollten sie über den Insolvenzplan entsprechend den gesellschaftsrechtlichen Regeln und Mehrheitsverhältnissen. Eine besondere Entschädigungsregelung über die Verfahrensvorschriften des Planverfahrens hinaus ist verfassungsrechtlich nicht geboten. Schon im Ausgangspunkt ist es verfassungsrechtlich nicht zu beanstanden, wenn die Gesellschafter einer Not leidenden Kapitalgesellschaft nur eine Wertzuwendung erhalten, sofern alle vorrangig Berechtigten voll befriedigt werden können.[86] Lehnen die Gesellschafter als Gruppe den vorgelegten Insolvenzplan ab, dann kann ihr ablehnendes Votum über das Obstruktionsverbot gemäß § 245 InsO nur überwunden werden, wenn kein Gläubiger mehr erhält als den Nominalwert seines Anspruches. Stimmen die Gesellschafter als Gruppe dem Insolvenzplan jedoch zu, und lehnen nur einzelne Gesellschafter ihn ab, so kann jeder ablehnende Gesellschafter gemäß § 251 InsO lediglich verlangen, voraussichtlich nicht schlechter gestellt zu werden, als er im Regelverfahren der InsO stünde. Auch im Regelverfahren erhielte er aber nur eine Wertzuwendung, wenn alle Gläubigeransprüche voll befriedigt werden können.

### b) Beschleunigung des Verfahrens

Ein zweites wichtiges Problem des gegenwärtigen Insolvenzplanverfahrens ist seine Dauer. Ein Plan erzeugt erst dann Rechtswirkungen, wenn er rechtskräftig bestätigt wurde (§ 254 InsO). Gegen die Bestätigungsentscheidung des Insolvenzgerichts ist die sofortige Beschwerde statthaft, die ihrerseits wiederum mit der sofortigen weiteren Beschwerde (Rechtsbeschwerde) zum Bundesgerichtshof angefochten werden kann (§§ 6, 7, 253 InsO). In der Praxis hat dies zur Folge, dass die Wirksamkeit eines insolvenzgerichtlich bestätigten Plans wegen der eingelegten Rechtsmittel ggf. erst nach Monaten, in besonders krassen Fällen sogar erst nach Jahren eintritt.[87] Diese langen Zeiträume sind bei einer angestrebten

---

kann der „alte" Rechtsträger nicht saniert werden, und die Universalrechtsnachfolge gemäß § 131 Abs. 1 Ziff. 1 UmwG ist beschränkt (vgl. *Semler/Stengel/Schröer*, UmwG, 2. Aufl. 2007, § 131 Rz. 22 ff. – auch Verlustvorträge können nicht genutzt werden). Zudem möchte (und muss – Blockadepotential!) *Drouven* auf den erforderlichen Beschluss der HV (§§ 125, 50 Abs. 1, 65 Abs. 1 UmwG) *de lege ferenda* verzichten. Demgegenüber erhält die im Text vorgeschlagene Lösung den „alten" Rechtsträger und bindet die Altgesellschafter systemkonform in das Planverfahren ein.

[86] Vgl. *Eidenmüller/Engert* ZIP 2009, 541, 546 f.

[87] Vgl. *Pensch*, FS Lüer, 2008, S. 77, 87 ff. Eine gewisse Abhilfe schaffen könnte *prima facie* § 6 Abs. 3 S. 2 InsO. Die Vorschrift soll im Rechtsmit-

Unternehmenssanierung in der Regel inakzeptabel. Insbesondere dann, wenn das Insolvenzplanverfahren lediglich als Instrument der Bilanzsanierung genutzt werden soll, muss ein Verfahren zur Verfügung stehen, das binnen Tagen oder jedenfalls Wochen zu einer rechtsbeständigen Entscheidung führt.

Eine Reform des Status Quo kann an zwei verschiedenen Stellen ansetzen. Man kann zum einen die rechtsrelevanten Fehlerquellen für einen Insolvenzplan verringern, also letztlich die Kriterien lockern, denen dieser zu entsprechen hat, um bestätigt werden zu können. Die Alternative liegt darin, das Kontroll- bzw. Bestätigungsverfahren zu beschleunigen. Vorzugswürdig dürfte der zweite Weg sein. Zum einen wäre es unter rechtsstaatlichen, aber auch unter rechtsethischen Gesichtspunkten bedenklich, wenn das sorgfältig begründete und aufeinander abgestimmte System von Wirksamkeitsvoraussetzungen in den §§ 217 ff. InsO zurückgenommen bzw. „vereinfacht" würde. Zum anderen lässt sich durch eine sinnvolle Gestaltung von Planinhalten bereits weitgehend sicherstellen, dass keine Wirksamkeitshindernisse auftreten. Das gilt etwa für sogenannte salvatorische Klauseln, mit denen erreicht werden kann, dass das Schlechterstellungsverbot (§ 251 InsO) nicht verletzt wird bzw. dass die Voraussetzungen des Obstruktionsverbotes (§ 245 InsO) eingehalten werden.[88] Es kommt schließlich hinzu, dass nicht erkennbar ist, an welcher Stelle bzw. in welcher Weise genau eine sinnvolle Reduktion der Wirksamkeitskriterien vorgenommen werden könnte. Eine Beschränkung etwa auf verfahrensrechtliche Mängel eines Plans – im Gegensatz zu dem Plan als materielles Rechtsgeschäft – würde vermutlich nicht viel bringen, da die Anfechtungsgründe in der Praxis regelmäßig Verfahrensvoraussetzungen betreffen (Verstoß gegen Gruppenbildungsvorschriften, zulässige Inhalte eines Plans etc.).

Sinnvoll dürfte es deshalb im Ergebnis sein, das Planverfahren um ein Freigabeverfahren ähnlich dem aktienrechtlichen Vorbild in § 246a AktG zu ergänzen.[89] Wird ein Insolvenzplan mit der sofortigen Beschwerde angegriffen, so könnte das Insolvenzgericht die unmittelbare Wirksamkeit des Plans anordnen, sofern die Beschwerde unzulässig oder offensichtlich unbegründet ist oder sofern überwiegende Gründe für

---

telverfahren über angegriffene Insolvenzpläne nach h.M. jedoch aufgrund der gestaltenden Effekte eines wirksam gewordenen Plans nicht anwendbar sein, vgl. MünchKomm-InsO/*Sinz*, 2. Aufl. 2008, § 253 Rz. 38 m.w.N.

[88] Vgl. MünchKomm-InsO/*Eidenmüller* (o. Fn. 44), § 221 Rz. 41 ff.

[89] In diese Richtung auch *Pensch*, FS Lüer, 2008, S. 77, 87 f.; *Westpfahl/Friedrich* Beilage zu ZIP 3/2008, S. 23. Im Ergebnis für die Einführung eines Spruchverfahrens *Jaffé/Friedrich* ZIP 2008, 1849, 1854 ff., 1858.

eine entsprechende Anordnung sprechen. Gegen diese Anordnung wäre als Rechtsmittel nur die sofortige Beschwerde (nicht eine weitere Rechtsbeschwerde) statthaft, über die binnen einer gesetzlich normierten kurzen Frist entschieden werden müsste. Stellte sich im Bestätigungs- bzw. Rechtsmittelverfahren bezüglich des Plans später heraus, dass dieser tatsächlich fehlerhaft ist, so würde dies seine Wirksamkeit nachträglich nicht mehr beeinträchtigen. Der oder die Belasteten hätten lediglich einen monetären Anspruch auf Geldentschädigung für einen etwa erlittenen Schaden.

*c) Liquiditätsmäßige Entlastung des Not leidenden Unternehmens*

Zu sanierende bzw. sanierte Unternehmen befinden sich regelmäßig in einer liquiditätsmäßig extrem angespannten Lage. Alles, was dazu beiträgt, diese Lage zu verbessern, erhöht die Sanierungsaussichten. Insoweit besteht Reformbedarf im Hinblick auf das Insolvenzplanverfahren insbesondere bezüglich zweier Regelungen.

Zum einen geht es um die Steuerfreiheit von Sanierungsgewinnen. Sie war früher durch eine gesetzliche Regelung in § 3 Nr. 66 EStG a.F. sichergestellt. Die Vorschrift wurde vor einigen Jahren aufgehoben. An ihre Stelle ist ein Schreiben des BMF getreten, das unter bestimmten (engen) Voraussetzungen im Ergebnis die alte Rechtslage beibehält.[90] Allerdings ist der derzeitige Rechtszustand mit einer erheblichen Unsicherheit belastet, und er löst das Problem auch nicht (sicher) für die Gewerbesteuer.[91] Diese Situation ist vor allem deshalb unbefriedigend, weil Sanierungsgewinne auch und gerade durch die bereits oben beschriebenen *debt-equity-swaps* entstehen können.[92] Insgesamt ist eine Rückkehr zu dem alten Rechtszustand in § 3 Nr. 66 EStG a.F. zu befürworten. Es ist auch wertungsmäßig nicht einzusehen, dass der Staat in der jetzigen Krise auf der einen Seite Not leidende Unternehmen mit direkten Finanzhilfen unterstützt, auf der anderen Seite aber zumindest im Grundsatz Buchgewinne, die durch Forderungsverzichte oder ähnliche Vorgänge entstehen, besteuert.

Die zweite Veränderung, die der Gesetzgeber zur liquiditätsmäßigen Entlastung von sanierungsbedürftigen Unternehmen am Planverfahren vornehmen sollte, betrifft die Vorschrift des § 258 Abs. 2 InsO. Danach

---

[90] Schreiben des Bundesministeriums der Finanzen vom 27.3.2003 (IV A 6 – S 2140 – 8/03), BStBl. 2003 I, S. 240.
[91] Vgl. *Kahlert* ZIP 2009, 643; *Westpfahl/Friedrich* Beilage zu ZIP 3/2008, S. 19 f.
[92] Vgl. *Hofert/Möller* GmbHR 2009, 527 f.

kann das Insolvenzverfahren nach rechtskräftiger Bestätigung eines Insolvenzplans nur aufgehoben werden, wenn vorher sämtliche Masseansprüche befriedigt wurden bzw. für streitige Masseansprüche Sicherheit geleistet worden ist. Damit ist eine erhebliche Belastung für das reorganisierte Unternehmen verbunden, weil ggf. auch erst weit in der Zukunft fällig werdende Masseansprüche (man denke etwa an solche aus Langfristverträgen) bereits heute bezahlt werden müssen. Auch dies ist wertungsmäßig nicht gerechtfertigt. § 258 Abs. 2 InsO sollte dahingehend geändert werden, dass nur *fällige* Masseansprüche befriedigt werden müssen bzw. für *fällige* Masseansprüche Sicherheit zu leisten ist, sofern sie strittig sind.[93]

## 3. Konzerninsolvenzen

Die Insolvenz eines größeren Unternehmens findet heute praktisch fast ausschließlich in der Form einer sogenannten „Konzerninsolvenz" statt, das heißt, es sind mehrere konzernmäßig verbundene Rechtsträger, die in ein Insolvenzverfahren eintreten. Weltweit wird für ein Insolvenzverfahren zumeist an den jeweils betroffenen Rechtsträger angeknüpft. Dies bedeutet, dass bei einer „Konzerninsolvenz" ggf. eine Vielzahl von Insolvenzverfahren durchgeführt werden muss, und das möglicherweise – bei einem international verflochtenen Konzern – in einer Vielzahl von Ländern. Es ist offensichtlich, dass sich daraus erhebliche Koordinationsprobleme und in ihrer Folge Wertverluste für die betroffenen Gläubiger ergeben können. Wenn eine große Zahl unterschiedlicher Insolvenzgerichte und -verwalter in einer großen Zahl unterschiedlicher Länder die Verfahren über die konzerngebundenen Rechtsträger administriert, dann kann es leicht sein, dass die insgesamt – also über alle Konzernunternehmen hinweg – verfügbare Netto-Haftungsmasse kleiner ist als sie bei einer optimalen Koordination der Verfahren sein könnte. Das aber ist für alle Gläubiger aller Konzernunternehmen nachteilig. Denn eine insgesamt größere Netto-Haftungsmasse würde es ermöglichen, alle Gläubiger sämtlicher Konzernunternehmen besserzustellen.[94] Eine Koordination der vielen Insolvenzverfahren bei einer (internationalen) Konzerninsolvenz ist also dringend geboten.

---

[93] Ebenso *Jaffé/Friedrich* ZIP 2008, 1849, 1853 f., 1858. Ähnlich *Westpfahl/Friedrich* Beilage zu ZIP 3/2008, S. 24.

[94] Ökonomisch gesprochen: Es besteht das Potential für Pareto-superiore Lösungen, vgl. *Eidenmüller*, Effizienz als Rechtsprinzip, 3. Auflage 2005, S. 48 ff.

## a) Materielle Konsolidierung

Eine Form der Koordination liegt in einer materiellen Konsolidierung von Haftungsmassen und Gläubigeransprüchen über alle in einem Insolvenzverfahren befindlichen, konzerngebundenen Rechtsträger. Eine solche materielle Konsolidierung ist etwa in den Vereinigten Staaten auf der Grundlage des richterrechtlich entwickelten Rechtsinstituts einer sogenannten *substantive consolidation* grundsätzlich möglich.[95] Für diese Lösung könnte sprechen, dass es im Einzelfall einer Konzerninsolvenz schwierig, wenn nicht gar nahezu unmöglich sein kann, die zwischen den einzelnen Konzernunternehmen bestehenden, wechselseitigen Ansprüche zu „entwirren". Auch mag die Vermögenslage überaus undurchsichtig sein („Vermögensvermischung"), und es bestehen möglicherweise Durchgriffsansprüche der Gläubiger eines Konzernunternehmens gegen ein anderes Konzernunternehmen.

Gleichwohl empfiehlt sich eine materielle Konsolidierung aus ökonomischen Gründen nicht.[96] Dagegen spricht nicht nur das eher formaljuristische Argument, dass das Konstruktions- und Zuordnungsprinzip in Konzernverhältnissen außerhalb eines Insolvenzverfahrens, nämlich die Haftungs- und Vermögenstrennung zwischen mehreren, konzerngebundenen Rechtsträgern, in einem Insolvenzverfahren nicht aufgeweicht werden sollte. Entscheidend ist vielmehr die dahinter stehende, wertungsmäßige Überlegung, dass die Abschätzung von Kreditrisiken *ex ante* schwierig oder sogar unmöglich würde, wenn ein Gläubiger nicht nur mit dem Insolvenzrisiko desjenigen Rechtsträgers kalkulieren müsste, an den er oder sie einen Kredit vergibt, sondern auch mit den vermögens- und haftungsmäßigen Konsequenzen, die sich ergeben, wenn mehrere der insolventen (konzerngebundenen) Rechtsträger materiell konsolidiert werden. Eine solche materielle Konsolidierung brächte zudem im unmittelbaren Insolvenzvorfeld erhebliche Fehlanreize mit sich: Gläubiger, die von ihr in einem Insolvenzverfahren profitieren würden, würden alles unternehmen, um ein solches Verfahren auszulösen; Gläu-

---

[95] Ausführlich und mit einer Vielzahl von Rechtsprechungsnachweisen *Tabb*, The Law of Bankruptcy, 1997, S. 133 ff. Vgl. auch *Roe*, Corporate Reorganization and Bankruptcy, 2000, S. 235 ff. Ganz ausnahmsweise kommt eine solche Konsolidierung sogar mit nicht im Insolvenzverfahren befindlichen Gesellschaften in Betracht, vgl. *Sampsell v. Imperial Paper & Color Corp.*, 313 U.S. 215 (1941).

[96] Vgl. *Eidenmüller* ZHR 169 (2005), 528, 532 m.w.N. Das ist ganz h.M., vgl. stellv. *Lutter* ZfB 54 (1984), 781 f.; *K. Schmidt*, Wege zum Insolvenzrecht der Unternehmen, 1990, S. 221 ff.; *Ehricke* DZWiR 1999, 353, 357 f.

biger, die im Vergleich mit ihrer Position außerhalb eines Insolvenzverfahrens bei einer entsprechenden Konsolidierung erhebliche Verluste hinzunehmen hätten, würden versuchen, die Einleitung eines Insolvenzverfahrens möglichst zu vermeiden. Insgesamt sprechen diese Erwägungen im Ergebnis klar gegen eine materielle Konsolidierung.

### b) Verfahrensmäßige Koordination

Stattdessen empfiehlt sich eine verfahrensmäßige Koordination der mehreren Insolvenzverfahren über das Vermögen der betroffenen konzerngebundenen Rechtsträger. Die Vorteile einer solchen Koordination liegen auf der Hand:[97] Über einen verbesserten Informationsfluss lässt sich sicherstellen, dass Verwertungsentscheidungen (möglichst) aufeinander abgestimmt werden. Gegebenenfalls können sogar Pflichten zu abgestimmten Verwertungsentscheidungen normiert werden, solange nur die Netto-Haftungsmasse in einem Verfahren durch eine solche Pflichtenbelastung nicht sinkt. Verbesserte Verfahrenskoordination wird regelmäßig auch die Abwicklungsgeschwindigkeit für ein Insolvenzverfahren erhöhen. Insgesamt sind so deutlich niedrigere direkte und indirekte Insolvenzkosten zu erwarten.

Denkt man über die Instrumente einer verfahrensmäßigen Koordination nach, so wird man primär vermutlich eine Zuständigkeitskonzentration bezüglich der mit den diversen Insolvenzverfahren über konzerngebundene Unternehmen befassten Insolvenzgerichte ins Auge fassen.[98] Die derzeit mangelnde Konzentration der Insolvenzgerichte ist ein allgemeines Problem, das natürlich auch außerhalb der Sondersituation einer Konzerninsolvenz gelöst werden muss.[99] Bei einer Konzerninsolvenz ist die Lösung dieses Problems aber besonders dringend. Offensichtlich ließen sich insgesamt verbesserte Abwicklungsergebnisse erzielen, wenn für die vielen Insolvenzverfahren über das Vermögen der konzerngebundenen Unternehmen nicht eine Vielzahl von Gerichten, sondern lediglich *eines* zuständig ist. Wie dringend in der Praxis das Bedürfnis für einen entsprechenden Konzern-Insolvenzgerichtsstand empfunden wird, zeigt anschaulich der Fall Arcandor: Hier wurde beim Amtsgericht Essen nicht nur Insolvenzantrag über die Holding-Gesellschaft (Arcandor AG), sondern unter anderem auch über das in der Rechtsform einer GmbH

---

[97] Vgl. *Eidenmüller* ZHR 169 (2005), 528, 533 f.; *Adam/Poertzgen* ZInsO 2008, 281, 282 ff.

[98] Vgl. *Eidenmüller* ZHR 169 (2005), 528, 537 ff.; *Hirte* ZIP 2008, 444, 445 f.

[99] Vgl. *Uhlenbruck/Vallender* NZI 2009, 1, 3.

geführte Versandhaus Quelle gestellt, das in Fürth seinen Satzungssitz hat.[100]

Ein einheitlicher Konzerngerichtsstand sollte an ein präzises, leicht erkennbares und rechtssicher handhabbares Kriterium anknüpfen. Denkbar, aber keineswegs zwingend ist es, den Zugang zu einem solchen Gerichtsstand auf Eigenanträge des Schuldners zu beschränken.[101] Eine solche Beschränkung würde ebenso wie bei dem Rechtsinstitut der Eigenverwaltung zum Ausdruck bringen, dass der Gesetzgeber ein entsprechend konzentriertes Insolvenzverfahren als ein Instrument der Eigensanierung des Schuldners ansieht. Als Anknüpfungskriterium kommt zum einen der Gesichtspunkt der Priorität (der Antragstellung),[102] zum anderen vor allem der Sitz der Konzernmutter in Betracht.[103] Das zuletzt genannte Kriterium führt allerdings bei Gleichordnungs-Konzernen nicht weiter und bereitet auch dann erhebliche Probleme, wenn die Holding-Gesellschaft ihren Satzungssitz im Ausland hat. Aus diesen Gründen gebührt dem Prioritäts-Kriterium der Vorzug. Zwar wird dadurch *forum shopping* ermöglicht. Aber dieses sollte jedenfalls innerhalb einer Jurisdiktion eher zur Selektion der am professionellsten arbeitenden Gerichte führen.[104] In dem Augenblick, in dem ein Insolvenzantrag über das Vermögen eines der Konzernunternehmen gestellt wird, erlangt danach das angerufene (nach den allgemeinen Regeln zuständige) Gericht die Zuständigkeit für sämtliche weitere Insolvenzverfahren über Konzernunternehmen.[105] Die Sperrwirkung würde also bereits mit Antragstellung eintreten.[106]

---

[100] Quelle: Telephonat des Verfassers mit dem Pressesprecher des Amtsgerichts Essen, w.a. RiAG Essen Richter, am 16.7.2009. Hintergrund ist § 3 Abs. 1 InsO. Danach ist das Gericht am allgemeinen Gerichtsstand nicht zuständig, wenn der Mittelpunkt einer selbständigen wirtschaftlichen Tätigkeit des Schuldners an einem anderen Ort liegt.

[101] Dafür etwa *Jaffé/Friedrich* ZIP 2008, 1849, 1852 f.

[102] Dafür etwa *Ehricke* DZWiR 1999, 353, 360.

[103] Dafür etwa *Jaffé/Friedrich* ZIP 2008, 1849, 1852; *Westpfahl/Friedrich* Beilage zu ZIP 3/2008, S. 7.

[104] Noch skeptischer demgegenüber meine Einschätzung in *Eidenmüller* ZHR 169 (2005), 528, 539 f.

[105] Dabei ist natürlich im Einzelnen zu definieren, was ein „Konzernunternehmen" ist bzw. wann Unternehmen konzernmäßig verbunden sind. Es empfiehlt sich eine – an § 18 AktG angelehnte – weite Definition, die gesellschaftsrechtliche, unternehmensvertragliche und faktische Einflussmöglichkeiten bzw. Verbindungen erfasst.

[106] Ebenso *Jaffé/Friedrich* ZIP 2008, 1849, 1852.

Das zweite wesentliche Instrument der Verfahrenskoordination neben der beschriebenen Zuständigkeitskonzentration ist die Bestellung desselben Insolvenzverwalters für die mehreren Verfahren über das Vermögen der betroffenen Konzernunternehmen.[107] Die Vorteile dieses Vorgehens für die Verfahrenskoordination liegen auf der Hand.[108] Der bestellte Verwalter kann für die Insolvenzbewältigung im Hinblick auf die involvierten Konzernunternehmen eine einheitliche Strategie implementieren, die den insgesamt verfügbaren Netto-Haftungswert maximiert. Es empfiehlt sich daher eine gesetzliche Regelung, nach der bei mehreren Insolvenzverfahren über das Vermögen mehrerer Konzernunternehmen im Regelfall derselbe Insolvenzverwalter bestellt werden soll. Gleichzeitig sollte gesetzlich festgelegt werden, dass das zuständige Insolvenzgericht für den Fall akuter oder drohender Interessenkollisionen einen Sonderinsolvenzverwalter zu bestellen hat.[109]

Auch nach Umsetzung der hier vorgeschlagenen Reformen bezüglich Gerichtszuständigkeit und Verwalterbestellung kann es vorkommen, dass für mehrere Insolvenzverfahren über das Vermögen mehrerer Konzernunternehmen unterschiedliche Gerichte zuständig sind und auch unterschiedliche Insolvenzverwalter agieren. Ersteres könnte etwa eintreten, wenn der vorgeschlagene Konzerngerichtsstand an einen Eigenantrag des Schuldners geknüpft wird, die Insolvenzauslösung im konkreten Fall jedoch über Fremdanträge der Gläubiger erfolgt. Letzteres wäre beispielsweise denkbar, wenn das zuständige Insolvenzgericht im Einzelfall aufgrund außergewöhnlicher Umstände entgegen der stipulierten Soll-Vorschrift von der Bestellung desselben Verwalters absieht, etwa weil Interessenkollisionen mit der Bestellung eines Sonderinsolvenzverwalters im Einzelfall nicht überwindbar erscheinen. In solchen Fällen muss die Verfahrenskoordination anders bewirkt werden. Es empfiehlt sich die Normierung einer Vorschrift, nach der zwischen den zuständigen Insolvenzgerichten bzw. den agierenden Insolvenzverwaltern Koordinationspflichten bestehen, soweit eine Institutionen- bzw. Personenidentität nicht gegeben ist.[110] Gegenstand dieser Koordinationspflichten könnte beispielsweise eine gegenseitige Information über geplante bzw. realisierte Verwertungshandlungen sein. Auch eine Pflicht zur Zustimmung

---

[107] Vgl. *Eidenmüller* ZHR 169 (2005), 528, 540 ff.; *Hirte* ZIP 2008, 444, 446 f.; *Jaffé/Friedrich* ZIP 2008, 1849, 1850 f.

[108] Vgl. *Adam/Poertzgen* ZInsO 2008, 281, 285 f.

[109] Vgl. *Jaffé/Friedrich* ZIP 2008, 1849, 1850 f.

[110] Vgl. *Eidenmüller* ZHR 169 (2005), 528, 549 ff. Solche Koordinationspflichten lassen sich bereits *de lege lata* aus § 1 Satz 1 InsO ableiten. Eine klarstellende und präzisierende Normierung bleibt in jedem Fall sinnvoll.

bezüglich bestimmter Verwertungshandlungen ließe sich normieren, sofern diese daran geknüpft wird, dass die betroffene Insolvenzmasse im Vergleich zu einer anderweitigen Verwertung keine Nachteile erleidet. Dies wäre durch Ausgleichszahlungen sicherzustellen.

Von den beschriebenen Koordinationsmaßnahmen abgesehen drängen sich keine weiteren Sondervorschriften für Konzerninsolvenzen auf. Insbesondere besteht für konzernweite Insolvenzpläne jedenfalls dann kein Bedürfnis, sofern damit eine Konsolidierung von Haftungsmassen und Ansprüchen verbunden wäre.[111] Dagegen sprechen dieselben Gesichtspunkte, die bereits gegen eine materielle Konsolidierung bei einer Konzerninsolvenz allgemein vorgetragen wurden. Eine andere Frage ist, ob man etwa dem Insolvenzverwalter in einem Insolvenzverfahren ein Vorschlagsrecht bezüglich eines Insolvenzplans in einem anderen Insolvenzverfahren über das Vermögen eines anderen Konzernunternehmens einräumen sollte. Dagegen ist wenig zu sagen. Dass etwa eingesetzte unterschiedliche Insolvenzverwalter verpflichtet sind, sich im Hinblick auf die Inhalte der in ihren jeweiligen Verfahren vorgelegten Insolvenzpläne abzustimmen, ergibt sich im Übrigen schon aus der allgemeinen Koordinationspflicht, die soeben erörtert wurde.

Kein Bedürfnis besteht schließlich nach Sondervorschriften im Anfechtungsrecht. Konzerninterne Liefer- und Leistungsbeziehungen sollten insoweit vielmehr nach den allgemeinen Regeln abgewickelt werden. Dafür spricht ebenfalls der bereits herausgearbeitete Gedanke, dass eine materielle Konsolidierung von Haftungsmassen und Ansprüchen bei Konzerninsolvenzen nicht zu empfehlen ist. Sinnvoll ist es dagegen insbesondere im Falle der Verwalteridentität, der besonderen Situation einer Konzerninsolvenz durch gewisse Vereinfachungen bei der Forderungsanmeldung Rechnung zu tragen, soweit es um konzerninterne Ansprüche geht.[112]

### c) Internationale Dimension

Besonders große Schwierigkeiten wirft die Verfahrenskoordination bei internationalen Konzernfällen auf.[113] Der bereits erwähnte Rechtsrahmen für Insolvenzverfahren in Europa, die EuInsVO, regelt Konzerninsolvenzen nicht, jedenfalls nicht direkt. Ihr Anknüpfungspunkt ist der Begriff des „Schuldners"[114], und in den Insolvenzrechten der Mitgliedstaaten

[111] Vgl. *Eidenmüller* ZHR 169 (2005), 528, 546 f.
[112] Zu diesem Problemkomplex vor allem *Hirte* ZIP 2008, 444, 447 ff.
[113] Vgl. *Eidenmüller* ZHR 169 (2005), 528, 560 ff.
[114] Vgl. dazu *Eidenmüller* IPRax 2001, 2, 4.

wird dieser Begriff durchgehend rechtsträgerbezogen definiert. Für das Verhältnis mehrerer selbständiger Insolvenzverfahren über das Vermögen mehrerer konzernverbundener Schuldner enthält die EuInsVO aber keine Vorschriften. Keine Vorschriften zur Verfahrenskoordination gibt es (selbstverständlich) auch, soweit der außereuropäische Rechtskreis betroffen ist. Für einen international etwa in Europa und den Vereinigten Staaten von Amerika lokalisierten Konzern bestehen demzufolge keine Vorschriften über die Koordination der in Europa einerseits und in den Vereinigten Staaten andererseits geführten Verfahren.

Nun ist es zumindest vorstellbar, dass etwa das deutsche Recht für Konzerninsolvenzen eine materielle Konsolidierung einführen würde. „Schuldner" im Sinne der EuInsVO aus deutscher Sicht wäre dann der Konzern und nicht der einzelne Rechtsträger. Indes würde dies die Koordinationsprobleme nicht lösen. Erstens nämlich ist eine solche materielle Konsolidierung nach dem bereits Ausgeführten nicht sinnvoll. Zweitens könnten wir auf diese Weise die internationale Zuständigkeit für ein Insolvenzverfahren über das Vermögen einer ausländischen Tochter nicht an uns ziehen. Denn die EuInsVO sieht gemäß Art. 3 Abs. 1 vor, dass die Zuständigkeit für ein Hauptinsolvenzverfahren über das Vermögen eines Schuldners an dessen *Centre of Main Interests* (COMI) liegt. Wenn aber der ausländische Staat, in dem die Konzerntochter ihren Satzungssitz und ihren COMI hat, die materielle Konsolidierung durch das deutsche Recht nicht anerkennt und auf einer eigenen internationalen Zuständigkeit für die Durchführung eines Hauptinsolvenzverfahrens besteht, dann bewegt er sich damit im Rahmen der Vorgaben der EuInsVO.[115] Drittens schließlich könnten wir im umgekehrten Fall eines ausländischen Hauptinsolvenzverfahrens über die Konzernmutter zwar vielleicht auf die an sich gemäß Art. 3 Abs. 1 EuInsVO im Inland begründete internationale Zuständigkeit für ein Hauptinsolvenzverfahren über die Konzerntochter verzichten. Aber der Sinn eines solchen Vorgehens ist jedenfalls dann nicht zu erkennen, wenn damit zu rechnen ist, dass der ausländische Staat seinerseits die inländische Tochter nicht in das Verfahren über das Vermögen der Konzernmutter einbezieht.

Eine sinnvolle Regelung der Verfahrenskoordination bei Konzerninsolvenzen muss daher auch in Europa bei einer Reform der EuInsVO ansetzen. Dabei stellen sich ähnliche Fragen wie im Hinblick auf die Veränderung des Rechtsrahmens für nationale Konzerninsolvenzen. Es geht zum einen darum, ein international zuständiges Konzerngericht

---

[115] Die von mir in *Eidenmüller* ZHR 169 (2005), 528, 561 Fn. 97 geäußerte, gegenteilige Ansicht gebe ich auf.

legislatorisch festzulegen. Ferner sollte bestimmt werden, dass im Regelfall derselbe Insolvenzverwalter in den mehreren Verfahren über das Vermögen mehrerer Konzernunternehmen einzusetzen ist. Schließlich ist eine Koordinationspflicht zwischen Gerichten und Verwaltern für den Fall der Institutionen- bzw. Personenverschiedenheit zu normieren. Konsens auf europäischer Ebene über diese Fragen zu finden wird leichter, wenn bereits vorher viele Mitgliedsstaaten ihr nationales Insolvenzrecht für Konzerninsolvenzen entlang dieser Leitlinien reformiert haben. Auf dieser Basis ließe sich dann ggf. auch ein internationales Abkommen schließen, das Drittstaaten wie die Vereinigten Staaten von Amerika einbeziehen würde. Vorarbeiten in diese Richtung leistet derzeit UNCITRAL.[116]

## VI. Sondergesetz für systemrelevante Finanzinstitutionen

Die Insolvenz des Bankhauses Lehman im September 2008 gilt vielfach als Auslöser der akuten Phase der Finanzkrise.[117] Der Lehman-Konkurs hat die Bedeutung systemrelevanter Finanzinstitute für die weltweiten Finanzmärkte, aber auch für das Weltwirtschaftssystem allgemein, augenfällig gemacht. Der Zusammenbruch eines solchen Institutes kann einen nationalen und internationalen Finanz- und Wirtschaftskollaps auslösen. Aus diesem Grund war die American International Group (AIG) fast zeitgleich noch gerettet worden (die offenen Positionen aus Kreditversicherungen hätten im Falle eines Insolvenzverfahrens vermutlich zum Kollaps auch einer Vielzahl deutscher Banken geführt), und deshalb wird es vielfach als Fehler angesehen, dass eine derartige Rettung bei Lehman nicht erfolgte und ein Insolvenzverfahren eröffnet wurde.[118]

Nach dem Zusammenbruch von Lehman reagierten die G7 Finanzminister jedenfalls schnell. Am 10.10.2008 verabschiedeten sie eine Erklärung, in der sie sich verpflichteten, alles Notwendige zu tun, um

---

[116] Die Arbeiten zielen auf die Entwicklung eines Gesetzgebungsleitfadens für den Bereich des Konzerninsolvenzrechts (*treatment of enterprise groups in insolvency*). Für den derzeitigen Arbeitsstand vgl. das Dokument A/CN.9/671 v. 25.5.2009, abrufbar unter http://www.uncitral.org/uncitral/en/commission/working_groups/5Insolvency.html.

[117] Vgl. stellv. *Sinn* (o. Fn. 13), S. 70 ff., insbes. S. 73.

[118] „Man hätte die Krise verhindern können!" (Gespräch mit *Michael Hüther*), abrufbar unter http://www.bild.de/BILD/politik/wirtschaft/2009/03/02/wirtschaftsexperte/man-haette-die-krise-verhindern-koennen.html.

systemrelevante Finanzinstitutionen zu stützen und ihren Zusammenbruch zu verhindern.[119] Allerdings schließt diese Vereinbarung die Durchführung eines (sanierungsorientierten) Insolvenzverfahrens über ein systemrelevantes Finanzinstitut nicht schlechthin aus. Lediglich der Zusammenbruch, also die Liquidation, muss verhindert werden. Eine rechtlich bindende Verpflichtung ergibt sich aus der G7-Vereinbarung ohnehin nicht, und eine solche Verpflichtung im Sinne einer zwingenden Abwendung nicht nur der Insolvenz eines systemrelevanten Finanzinstituts, sondern auch eines Insolvenzverfahrens, ist im Übrigen auch davon unabhängig nicht ersichtlich.

Dessen ungeachtet geht die internationale Entwicklung doch deutlich in Richtung von Sondergesetzen zur Bewältigung einer existenzbedrohenden Krise systemrelevanter Finanzinstitutionen. So hat insbesondere das Vereinigte Königreich jüngst mit dem Banking Act 2009[120] ein *special resolution regime* für Not leidende Banken etabliert, das eine Anteilsenteignung zugunsten privatwirtschaftlicher Unternehmer oder des Staates, aber auch eine Enteignung der Vermögenswerte ermöglicht und zusätzlich auch noch ein Sonderinsolvenzverfahren für nicht zu rettende Kreditinstitute vorsieht. Auch in der einschlägigen Literatur wird allenthalben ein Mechanismus befürwortet, der dem Krisenfinancier, und das wird bei den relevanten Größenordnungen regelmäßig der Staat sein, schnell die Kontrolle über Anteile und Geschäftstätigkeit sichert. Dabei wird entweder das neue englische Recht explizit als Vorbild gesehen,[121] oder es werden eigenständige Regelungsvorschläge entwickelt, die der Sache nach aber dem englischen Recht weitgehend entsprechen.[122]

---

[119] „We agree to … [t]ake decisive action and use all available tools to support systemically important financial institutions and prevent their failure.", abrufbar unter www.g8.utoronto.ca/finance/fm081010.htm.

[120] Abrufbar unter http://www.opsi.gov.uk/acts/acts2009/pdf/ukpga_20090001_en.pdf. Dazu *Alexander* JCLS 9 (2009), 61 ff., 89 ff.

[121] *Köndgen* ZBB 2009, 144, 148 f.

[122] *Hellwig/Weder di Mauro*, „Ich bin systemrelevant! Holt mich hier raus" – Solvenzproblematik und Systemrisiko im Finanzsektor, abrufbar unter http://www.macro.vwl.uni-mainz.de/ls/ger/Dateien/Hellwig_Weder_Systemrelevanz.pdf.

### 1. Anforderungen an Sanierungsverfahren
### für systemrelevante Finanzinstitute

Die derzeitige deutsche Diskussion um ein etwaiges (Sonder-)Sanierungsverfahren für Finanzinstitute beschränkt sich zu Recht von vornherein auf *systemrelevante* Institute. In dem Konzept des BMJ für ein Kreditinstitute-Reorganisationsgesetz (KredReorgG)[123] werden solche Institute in § 1 Abs. 1 Satz 2 wie folgt definiert: „Systemrelevante Kreditinstitute sind Kreditinstitute, deren Bestandsgefährdung aufgrund ihrer Größe, der Intensität ihrer Interbankbeziehungen und ihrer engen Verflechtung mit dem Ausland erhebliche negative Folgeeffekte bei anderen Kreditinstituten auslösen und zu einer Instabilität des Finanzsystems führen könnte".[124]

Denkt man abstrakt über die Anforderungen nach, denen ein Sanierungsverfahren für ein systemrelevantes Finanzinstitut in diesem Sinne genügen muss, so sind drei Gesichtspunkte zu nennen. Das Verfahren müsste erstens den Vertrauensverlust, der mit der existenzbedrohenden Krise eines solchen Instituts verbunden ist, minimieren. Es müsste zweitens dem Neufinancier, und für diese Rolle kommt angesichts der Größenordnung der relevanten Beträge, wie bereits erwähnt, regelmäßig nur der Staat in Betracht, rasch die Kontrolle über Geschäftsleitung und Gesellschaftsanteile/Verwaltungsrechte (Eigenkapitalpositionen) verschaffen.[125] Einem Investor (dem Staat) ist es nicht zuzumuten, eine systemrelevante Bank mit einer Milliardenunterstützung am Leben zu erhalten, ohne sofort in die Rolle des residualberechtigten Eigentümers zu schlüpfen.[126] Drittens schließlich soll das Verfahren ablaufen, ohne

---

[123] Vgl. Fn. 40.

[124] Allgemein zur Systemrelevanz einer Bank auch *D. Schneider* ZRP 2009, 119, 120.

[125] Vgl. *Bebchuk* (o. Fn. 37), S. 4; *Goodhart* J. of Fin. Stability 4 (2008), 351, 353.

[126] Insoweit stellt sich natürlich wieder die Frage, ob und wie etwaige Regelungen mit der Kapitalrichtlinie in ihrer Auslegung durch den EuGH vereinbar sind, vgl. dazu schon im Text Abschnitt IV 3. Für ein Sanierungsverfahren bzgl. systemrelevanter Finanzinstitute ist Folgendes zu beachten: (1) Sofern das Verfahren auf eine Enteignung der Altaktionäre zielt, ergibt sich wegen Art. 295 EGV wohl ohnehin kein Problem, vgl. *Hopt/Fleckner/Kumpan/Steffek* WM 2009, 821, 830 m.w.N. (2) Davon unabhängig ist ein Verstoß gegen die Kapitalrichtlinie jedenfalls dann nicht anzunehmen, wenn das Verfahren an eine materielle Insolvenzsituation anknüpft und die Aktionäre und die satzungsmäßigen Organe der Gesellschaft dauerhaft ihrer Rechte enthoben werden (vgl.

dass die Gläubigerforderungen (nennenswert) gekürzt werden. Die Fremdkapitalpositionen des Instituts sollen also unangetastet oder zumindest weitgehend unangetastet bleiben. Darin liegt ja gerade die wesentliche Zielsetzung des Vorhabens, den Geschäftsbetrieb normal weiterlaufen zu lassen und insbesondere einen „Sturm auf die Bank" zu verhindern.

Vergegenwärtigt man sich die soeben geschilderten Anforderungen an ein Sanierungsverfahren für systemrelevante Finanzinstitute im Zusammenspiel, so wird deutlich, was mit dem Begriff der „eingeschränkten Insolvenz" gemeint ist bzw. sein kann.[127] Typischerweise dient ein Insolvenzverfahren der Gläubigerbefriedigung durch Verwertung des (noch) vorhandenen Schuldnervermögens. Im Normalfall einer Unternehmensinsolvenz reicht dieses nicht aus, um alle Gläubiger voll befriedigen zu können. Nicht nur die Eigenkapitalpositionen sind wertlos (geworden), sondern auch die Gläubiger müssen zumindest teilweise auf ihre Ansprüche verzichten. Bei einem Sanierungsverfahren für systemrelevante Finanzinstitute würde es sich anders verhalten: Hier sollen nur die wertlos gewordenen Eigenkapitalpositionen auf den Neufinancier übertragen werden. Einschnitte in Gläubigerpositionen sind demgegenüber nicht oder nur in geringfügigem Umfang intendiert.

Das KWG enthält heute schon in seinem dritten Abschnitt weitreichende Vorschriften über die Beaufsichtigung von Finanzinstitutionen (§§ 32 ff. KWG). Die BaFin kann eine erteilte Erlaubnis unter bestimmten Voraussetzungen wieder aufheben (§ 35 KWG), Geschäftsleiter können abberufen und Organbefugnisse auf Sonderbeauftragte übertragen werden (§ 36 KWG). Es sind besondere Maßnahmen bei unzureichenden Eigenmitteln oder unzureichender Liquidität (§ 45 KWG), bei Gefahr (§ 46 KWG), sowie insbesondere auch bei Insolvenzgefahr (§ 46a KWG) möglich, und wenn ein Insolvenzverfahren doch unvermeidlich ist, dann gelten Sonderregeln (§§ 46b ff. KWG). Durch das Gesetz

---

EuGH, Urt. v. 12.3.1996, Rs. C-441/93 [*Pafitis*], Slg. 1996, I-1347, Rz. 57 ff.). (3) Schließlich ist die Richtlinie 2001/24/EG v. 4.4.2001 über die Sanierung und Liquidation von Kreditinstituten, ABl. L 125 v. 5.5.2001, S. 15 ff., zu beachten. Danach zulässige Sanierungsmaßnahmen betreffen potenzielle Eingriffe in Rechte Dritter. Dazu gehören unter Umständen auch die Aktionäre des Instituts, vgl. Erwägungsgründe 7 - 10. Allerdings regelt die Richtlinie nur die Befugnis zur Entscheidung über Sanierungsmaßnahmen und deren Anerkennung in anderen Mitgliedstaaten sowie das anwendbare Recht und dispensiert nicht von den Anforderungen der Kapitalrichtlinie, unzutreffend insoweit *Alexander* JCLS 9 (2009), 61, 75 f. m.w.N.

[127] Sehr kritisch zu diesem Konzept/Begriff *Amend* ZIP 2009, 395.

zur Stärkung der Finanzmarkt- und der Versicherungsaufsicht[128] werden die Befugnisse der BaFin noch deutlich erweitert.[129] Den Instituten werden schärfere Meldepflichten auferlegt (insbesondere muss die Eigenkapitalquote unter Einbeziehung außerbilanzieller Vorgänge ermittelt werden), sie unterliegen noch strengeren Eigenmittel- und Liquiditätsanforderungen, und es bestehen ggf. weiterreichende Ausschüttungsbeschränkungen und auch Anforderungen an die Kontrollorgane.

Auch diese Reformen erfüllen indes eine zentrale Anforderung an ein Sanierungsverfahren für systemrelevante Finanzinstitute nicht. Es ist weiterhin nicht möglich, rasch auf die Gesellschaftsanteile/Verwaltungsrechte eines in seiner Existenz bedrohten, systemrelevanten Instituts zuzugreifen, und zwar auch dann nicht, wenn dieses Institut nur durch Milliardenzuwendungen bzw. -garantien des Staates am Leben gehalten wird. Eine Restrukturierung des bestehenden Rechtsträgers erfordert damit nach wie vor die Zustimmung der Altgesellschafter, und auch ein Verkauf des Vermögens des Instituts an einen Investor lässt sich nach den einschlägigen gesellschaftsrechtlichen Regeln (Holzmüller-Rechtsprechung[130]) regelmäßig nicht ohne deren zustimmende Mitwirkung bewerkstelligen.

## 2. Sanierung systemrelevanter Finanzinstitute im Insolvenzverfahren

Dass die gegenwärtigen bzw. zukünftigen Befugnisse des KWG nicht ausreichen, um ein systemrelevantes Finanzinstitut entsprechend den soeben definierten Anforderungen zu sanieren, bedeutet nicht, dass deshalb zwingend ein eigenständiges Sanierungsgesetz geschaffen werden müsste. Es ist zumindest zu erwägen, eine solche Sanierung innerhalb eines Insolvenzverfahrens durchzuführen. Die G7-Vereinbarung verbaut diesen Weg, wie bereits erwähnt, nicht. Lediglich der zur Liquidation führende Zusammenbruch eines systemrelevanten Finanzinstituts muss verhindert werden. Ob das Insolvenzverfahren „normaler Prägung" das richtige Instrument zur Erreichung dieses Ziels ist, bedarf einer eigenständigen Prüfung.

---

[128] Vgl. Fn. 33 und Fn. 35.

[129] Dazu (kritisch) *Bartsch* ZRP 2009, 97, 99 ff.

[130] BGH, Urt. v. 25.2.1982, BGHZ 83, 122, 130 ff., 136 ff., 141 ff.; BGH, Urt. v. 26.4.2004 (II ZR 155/02), BGHZ 159, 30, 36 ff.; BGH, Urt. v. 26.4.2004 (II ZR 154/02), ZIP 2004, 1001, 1002 f.

Von vornherein ungeeignet wäre das Insolvenzverfahren als Sanierungsinstrument für systemrelevante Finanzinstitute, wenn sich die negativen Reaktionen der Geschäftspartner des Instituts bei der Durchführung eines Insolvenzverfahrens nicht begrenzen ließen und deshalb ein dramatischer Vertrauensverlust drohen würde, der den befürchteten Finanz- und Wirtschaftskollaps nach sich ziehen könnte. Insoweit hat im Herbst 2008 gewissermaßen ein Feldexperiment stattgefunden. Denn während die US-Regierung den Versicherer AIG im Wege einer außergerichtlichen Sanierung gerettet hat, ließ man das Bankhaus Lehman in die Insolvenz gehen. Es ist nun interessant zu sehen, wie wichtige Kapitalmarktindizes bzw. -indikatoren auf die beiden Ereignisse (unterschiedlich) reagiert haben (15.9.2008 Lehman-Insolvenz, 17.9.2008 AIG-Rettung).[131] Keine (gravierenden) Unterschiede ergaben sich im Hinblick auf die Reaktion des S&P 500 Aktienindex. Der sogenannte VIX Index, der die Volatilität von S&P-Optionen misst und gemeinhin als „Furchtindex" interpretiert wird, hat auf die Bankinsolvenz von Lehman stärker reagiert. Die Reaktion beider Indizes ist für unsere Zwecke allerdings wenig(er) relevant. Denn sie betrifft die Einschätzungen der Marktteilnehmer allgemein und nicht diejenige der Banken im Hinblick auf das Interbanken-Verhältnis. Letzteres aber besaß und besitzt für einen potenziellen Finanzkollaps größte Bedeutung, da es der Vertrauensverlust zwischen den Finanzinstitutionen ist, der einen solchen Kollaps auslösen kann. Insoweit war nun einerseits zu beobachten, dass der Zins kurzfristiger Staatsanleihen anlässlich der Rettung von AIG stärker gefallen ist als bei der Insolvenz von Lehman. Das spricht für einen größeren Vertrauensverlust im Falle von AIG, da die Finanzinstitutionen offenbar in erheblich stärkerem Umfang zur Refinanzierung in den sicheren Hafen kurz laufender Staatspapiere geflüchtet sind. Auf derselben Linie liegt es, dass der sog. TED *spread*, der die Differenz zwischen dem Interbanken-Geldmarktzins und dem Zins für Staatsanleihen misst (*Treasury Bill Euro Dollar Difference*), im Falle von AIG stärker gestiegen ist. Der TED *spread* wird gemeinhin als Ausdruck und Indikator für das Kreditmarktrisiko angesehen, weil in Zeiten einer steigenden Ausfallwahrscheinlichkeit

---

[131] Vgl. im Folgenden die Nachweise bei *Ayotte/Skeel*, Bankruptcy or Bailouts? (March 2, 2009), abrufbar unter http://papers.ssrn.com/sol3/papers.cfm?abstract_id=1362639, S. 26 f. Konträre Einschätzungen ohne Rekurs auf Kapitalmarktdaten bei *Hopt/Fleckner/Kumpan/Steffek* WM 2009, 821, 822 (Insolvenzverfahren sende gravierendes negatives Signal an die Finanzmärkte aus), einerseits und *Amend* ZIP 2009, 589, 594 (keine nachhaltige Erschütterung des Vertrauens durch gut geführtes Insolvenzverfahren), andererseits.

der Interbanken-Geldmarktzins steigt und demgegenüber der Zins für Staatsanleihen sinkt. In der Wahrnehmung der maßgeblichen Finanzinstitutionen waren die Krise und Rettung von AIG also mit einem stärker gestiegenen Kreditmarktrisiko verbunden als die Insolvenz des Bankhauses Lehman.

Nun ist es zweifellos richtig, dass die Interpretation der soeben referierten Reaktionen von Indizes erhebliche methodische Probleme aufwirft. Die Daten liegen sehr nahe zusammen (15.9.2008 bzw. 17.9.2008), und die stärkere Reaktion am 17.9.2008 (AIG-Rettung) mag auch noch mit Nachwirkungen der Lehman-Insolvenz am 15.9.2008 zu erklären sein („Erst jetzt verstand der Kapitalmarkt das ganze Ausmaß der Katastrophe."). Zudem war AIG wegen der potenziellen Sekundäreffekte auf Geschäftsbanken aufgrund von Kreditversicherungen für die Finanzmärkte der wohl „bedeutendere Fall". Allerdings ist es doch bemerkenswert, dass die Risikozuschläge nicht unmittelbar am 15.9.2008 stärker stiegen, obwohl hier die Finanzkrise erstmalig eine massive Manifestation fand, der „Schock" also präsumtiv deshalb größer war, weil niemand mit dieser Manifestation rechnete. Bei AIG hätte es deshalb nach dieser Überlegung eigentlich nur ein „Nachbeben" geben dürfen. Insgesamt lässt sich jedenfalls festhalten, dass keine klaren Anzeichen dafür existieren, dass es das Faktum eines Insolvenzverfahrens (im Falle von Lehman) ist, auf das die Interbanken-Märkte so sensibel und kräftig reagieren bzw. reagiert haben. Näher liegt die Einschätzung, dass der potenzielle oder aktuelle Zusammenbruch als solcher – unabhängig von dem Verfahren, in dem dieser erfolgt oder mit dem dieser abgewendet werden soll – die starke Interbanken-Reaktion auslöst bzw. ausgelöst hat. Offenbar sind die negativen Reaktionen von Geschäftspartnern eines systemrelevanten Finanzinstituts also auch bei einer Restrukturierung im Rahmen eines Insolvenzverfahrens begrenzbar. Allein aufgrund eines etwaigen Vertrauensverlustes scheidet ein solches Verfahren als Sanierungsinstrument deshalb nicht aus.

Letzteres wäre aber auch dann der Fall, wenn sich eine friktionslose Geschäftsfortführung und vor allem ein Kontrollwechsel bezüglich der Anteilseigner im Rahmen eines Insolvenzverfahrens über ein systemrelevantes Finanzinstitut nicht realisieren ließen. Tatsächlich dürfte sich das Insolvenzplanverfahren (§§ 217 ff. InsO) selbst bei Implementierung der bereits diskutierten Reformen zu diesem Zweck nicht oder nur sehr schlecht eignen. Auch wenn das Verfahren beispielsweise auf der Grundlage eines bereits vor Insolvenzantragstellung ausgearbeiteten und mit allen wesentlichen Gläubigern abgesprochenen Plans eingeleitet wird (sog. *pre-packaged plan*), ist es insbesondere aufgrund des gruppenbezogenen Abstimmungsmechanismus doch so kompliziert und fehleranfällig, dass sich ein Restrukturierungsvorhaben, bei dem es auf besonders rasches Handeln ankommt, auf dieser Grundlage nicht realisieren lässt.[132]

Allerdings ist eine Unternehmenssanierung ja auch außerhalb des Planverfahrens insoweit möglich, als das Gesamtvermögen des Not leidenden Rechtsträgers auf eine neue Gesellschaft übertragen werden kann, deren Anteilseigner dann der Neufinancier in der Krise, also der Staat, würde (sogenannte übertragende Sanierung). Diese Form der Unternehmenssanierung kann als Verwertungshandlung zwar nicht bereits im Eröffnungsverfahren,[133] sehr wohl aber unmittelbar nach einer rasch herbeigeführten Insolvenzeröffnung durchgeführt werden. Im Ernstfall ließe sich die Zeitspanne zwischen dem Bekanntwerden der existenzbedrohenden Bankenkrise und einer direkt nach Insolvenzeröffnung vorgenommenen Rekapitalisierung im Wege der übertragenden Sanierung wohl auf wenige Tage reduzieren. Ein Vorbild für dieses Vorgehen bietet wiederum der Fall der Lehman-Insolvenz. Kurz nach dem Chapter 11-Antrag wurde das Investmentbanking-Geschäft von Lehman gemäß 11 U.S.C. § 363 (b) an Barclays Bank verkauft.[134] Dieses Vorgehen war für ein Chapter 11-Verfahren sicherlich ungewöhnlich. Es zeigt jedoch, dass sich eine rasche Bankensanierung mit Kontrollwechsel und Wechsel der Eigentümerstruktur auch im Rahmen eines Insolvenzverfahrens realisieren lässt.

Es bleibt die dritte und wohl entscheidende Frage, ob ein „echtes" Insolvenzverfahren typologisch das richtige Instrument ist, um eine derartige Sanierung durchzuführen. Wie bereits betont, liegt die typische Folge eines Insolvenzverfahrens darin, dass nicht nur die Eigenkapitalpositionen (also die Ansprüche der letztrangig Berechtigten), sondern auch die Gläubigeransprüche zumindest partiell beschnitten werden (müssen). Genau das soll jedoch mit dem Verfahren zur Sanierung eines systemrelevanten Finanzinstituts vermieden werden. Der Geschäftsbetrieb soll vielmehr so „normal" wie nur irgend möglich weiterlaufen. Offene Derivatepositionen sollen nicht liquidiert (vgl. demgegenüber § 104 Abs. 2 und 3 InsO), sondern bei Fälligkeit honoriert werden.[135]

---

[132] Optimistischer *Amend* ZIP 2009, 589, 595 f.

[133] Vgl. *Pape* NZI 2007, 425, 430; MünchKommInsO/*Haarmeyer*, 2. Aufl. 2007, § 22 Rz. 81; *Rhein*, in: Eilers/Koffka/Mackensen (Hrsg.), Private Equity, 2009, Abschnitt III 1 Rz. 41 ff.

[134] Vgl. hierzu etwa *Madaus* NZI 2008, 715.

[135] Zu dieser Problematik vgl. *Ayotte/Skeel* (o. Fn. 131), S. 29 ff.; *Lubben*, Systemic Risk & Chapter 11 (May 10, 2009), abrufbar unter http://papers.ssrn.com/sol3/papers.cfm?abstract_id=1399015&rec=1&srcabs=1395912, S. 8 ff.,

Auf dieser Grundlage erscheint die Durchführung eines „echten" Insolvenzverfahrens über das Vermögen eines systemrelevanten Finanzinstituts
als das typologisch falsche Instrument. Es käme ein Verfahren zur An-
wendung, das in der Wahrnehmung der Beteiligten darauf angelegt ist,
ein Ziel zu erreichen (Kürzung der Gläubigeransprüche), das gar nicht
angestrebt wird. Man kann dies als den letztlich entscheidenden Grund
dafür ansehen, dass es eines Sondergesetzes für die Sanierung systemrelevanter Finanzinstitutionen bedarf.[136]

## 3. Konzepte für Sondergesetze
### zur Sanierung systemrelevanter Finanzinstitute

Bereits im Frühjahr 2009 hatte die Bundesregierung einerseits das Bun-
desjustizministerium (BMJ) und andererseits das Bundesministerium für
Wirtschaft und Technologie (BMWi) damit beauftragt, ein Konzept für
ein Sondergesetz zur Sanierung systemrelevanter Finanzinstitute vorzulegen.[137] In beiden Ressorts wurde sodann an einem entsprechenden
Konzept gearbeitet.[138] Diese Arbeit hat allerdings bis jetzt noch nicht zu
einem konsolidierten Referenten- oder gar Regierungsentwurf geführt.
Die jeweiligen Ansätze unterscheiden sich auch gravierend voneinander.

### a) Konzept des BMJ

Das Konzept des BMJ enthält in seinem Art. 1 einen Entwurf für ein
Kreditinstitute-Reorganisationsgesetz (KredReorgG-E) und in seinem

---

13 ff., 16 ff.

[136] Kein entscheidender Gesichtspunkt scheint mir demgegenüber das
Problem von Lösungs-, Kündigungs- bzw. Beendigungsklauseln zu sein. Solche
Klauseln finden sich insbesondere in Kredit- und anderen Dauerschuldverträ-
gen. Das Auslöseereignis im Einzelfall ist eine Frage der Vertragsgestaltung.
Einschränkungen der durch entsprechende Klauseln gewährten Rechte lassen
sich bei im Inland geführten Verfahren – Sondersanierungsverfahren oder
allgemeines Insolvenzverfahren – über Art. 34 EGBGB oder aber das *lex fori*-
Prinzip zur Geltung bringen. Vgl. auch Art. 2 § 16 FMStG und Art. 2 Ziffer
10 § 19 FMStEG.
[137] Vgl. BMJ-Konzept (Fn. 40) S. 24: „... hat das Bundeskabinett anlässlich
des Beschlusses über das FMStErgG das Bundesministerium der Justiz und das
Bundesministerium für Wirtschaft beauftragt, ein Restrukturierungsmodell zu
entwerfen, das eine nachhaltige Sicherung der Finanzmarktstabilität ermöglichen und sich unterhalb der Schwelle einer Enteignung bewegen soll."
[138] Vgl. Fn. 40.

Art. 2 Änderungen des KWG (§§ 48a ff. KWG-E: „Maßnahmen bei
Gefahren für die Stabilität des Finanzsystems"). Das Kreditinstitute-
Reorganisationsgesetz unterscheidet zwischen zwei Stufen. Ein Reorganisationsverfahren kann auf der ersten Stufe bei Sanierungsbedürftigkeit
auf Anzeige des betroffenen Instituts eingeleitet werden, und zwar
(auch) vor Vorliegen eines Insolvenzgrundes (§§ 1 Abs. 2, 2 Abs. 1
KredReorgG-E). Das Institut hat das Recht, einen Sanierungsplan
vorzulegen und einen Reorganisationsberater vorzuschlagen, der dann
auf Antrag der BaFin durch das für deren Sitz zuständige Oberlandes-
gericht bestellt wird (§§ 2, 3 KredReorgG-E). Die Kompetenzen des
Reorganisationsberaters sind ähnlich wie diejenigen der BaFin im KWG
ausgestaltet (§§ 4, 6 KredReorgG-E). Der Berater hat insbesondere den
Sanierungsplan umzusetzen, der aber auf dieser Stufe – und das ist
entscheidend – keinen Eingriff in Drittrechte vorsehen kann (§ 2 Abs. 2
S. 2 KredReorgG-E).[139]
Auf einer zweiten Stufe des Verfahrens kann das betroffene Institut
einen Reorganisationsplan vorlegen. Sofern eine Sanierung auf der Basis
eines Sanierungsplans nach der ersten Stufe aussichtslos erscheint, ist
diese Vorlage auch unmittelbar möglich, das Verfahren würde dann also
sofort mit der zweiten Stufe beginnen (§§ 2 Abs. 2 S. 3, 6 Abs. 3
KredReorgG-E). Über den vorgelegten Reorganisationsplan ist gruppen-
bezogen ähnlich wie über einen Insolvenzplan nach den §§ 217 ff. InsO
abzustimmen (§§ 15 ff. KredReorgG-E). Dabei sollen auch Eingriffe in
Gesellschafterrechte möglich sein. Das Konzept enthält zu diesem Zweck
eine Regelung, die derjenigen, wie sie oben für das allgemeine Insolvenzplanverfahren zur Erleichterung von *debt-equity-swaps* befürwortet
wurde, ähnelt (§§ 7 ff. KredReorgG-E).
Nun kann es natürlich sein, dass auch ein Reorganisationsplan auf
der zweiten Stufe des Verfahrens bei der gruppenbezogenen Abstimmung
nicht die erforderlichen Mehrheiten findet oder dass das Reorganisationsverfahren aus anderen Gründen nicht zum Erfolg führt. Deshalb
sieht das BMJ-Konzept in seinem Art. 2 „Maßnahmen bei Gefahren für
die Stabilität des Finanzsystems" vor (§§ 48a ff. KWG-E). Dazu gehört
vor allem eine sogenannte Übertragungsanordnung: „Die Bundesanstalt
kann nach Maßgabe der folgenden Bestimmungen anordnen, dass ein
Institut sein Vermögen und seine Verbindlichkeiten im Wege der Ausgliederung überträgt ..." (§ 48a S. 1 KWG-E). Eine solche Anordnung
darf nur ergehen, wenn das Institut in seinem Bestand bedroht (Be-

---

[139] Zu den Drittrechten sollen sowohl die Rechte von Gläubigern als auch
diejenigen von Anteilseignern gehören.

standsgefährdung) und hierdurch die Stabilität des Finanzsystems gefährdet ist (Systemgefährdung) und sich die Bestandsgefährdung nicht auf anderem Wege als durch die Übertragungsanordnung in gleich sicherer Weise beseitigen lässt (§ 48a S. 2 KWG-E). Letzteres setzt voraus, dass die Bestandsgefährdung für das Institut mittels eines vorgelegten Sanierungs- oder Reorganisationsplans nicht rechtzeitig abgewendet werden kann (§ 48c Abs. 4 KWG-E). Die in der Übertragungsanordnung vorgesehene Ausgliederung würde sich nach Sondervorschriften außerhalb derjenigen des UmwG vollziehen und eine Ersetzung der Altgesellschafter zulassen. Das Verfahren kann daher immer mit deren Entmachtung enden, wenn auch erst mittels einer entsprechenden Übertragungsanordnung auf dieser letzten, wenn man so will: der dritten Stufe.

So, wie das Verfahren strukturiert ist, ist allerdings nicht zu befürchten, dass es außerhalb einer materiellen Insolvenz zu einer „billigen" Übernahme des Instituts durch seine Gläubiger kommt bzw. kommen könnte. Die Einleitung eines Verfahrens nach dem Kreditinstitute-Reorganisationsgesetz erfordert immer eine Anzeige der Sanierungsbedürftigkeit durch das Finanzinstitut. Eine Entmachtung der Altgesellschafter kann von den Gläubigern damit letztlich nicht gegen den Willen der Ersteren bewirkt werden, jedenfalls nicht ohne Mitwirkung der Geschäftsleitung. Auf weitere Sicherungen gegen eine in diesem Sinne opportunistische Übernahme eines Instituts, wie etwa vertragliche Kündigungsschranken (vgl. § 12 KredReorgG-E), kommt es demzufolge nicht an. Eine Übertragungsanordnung nach den §§ 48a ff. KWG-E kann demgegenüber zwar ohne Zustimmung der Altgesellschafter erfolgen. Sie ist jedoch an sehr enge Voraussetzungen geknüpft (Bestandsgefährdung, Systemgefährdung, Erforderlichkeit) und steht im Übrigen in der alleinigen Kompetenz der BaFin, nicht in derjenigen der Gläubiger des Instituts.

Versucht man eine Würdigung der konzeptionellen Überlegungen des BMJ, so ist zunächst festzustellen, dass sich diese mit dem Kreditinstitute-Reorganisationsgesetz erkennbar bemühen, die Vorschriften eines etwaigen Sondergesetzes mit allgemeinen insolvenzrechtlichen Rechtsinstituten abzustimmen. Das gilt etwa für die Person des Reorganisationsberaters, die unverkennbar Ähnlichkeiten zu derjenigen eines (vorläufigen) Insolvenzverwalters aufweist. Das gilt aber auch für die Einbindung der Gläubiger in den Prozess und insbesondere für den gruppenbezogenen Abstimmungsmechanismus über einen Reorganisationsplan, der weitgehend dem Vorbild der §§ 217 ff., 222 ff. InsO entspricht. Damit wird die Wertungskongruenz zwischen dem allgemeinen Insolvenzverfahren und einem Sanierungsverfahren für systemrelevante Finanzinstitute in größtmöglichem Maße gewährleistet.

Allerdings weisen die konzeptionellen Überlegungen des BMJ unverkennbar auch Schwächen auf, und diese hängen nicht zuletzt mit eben dem Bestreben zusammen, ein Sondersanierungsverfahren für systemrelevante Finanzinstitute im Ausgangspunkt nach dem Vorbild des allgemeinen Insolvenzrechts zu modellieren. Zum einen erscheint der Fokus auf die Eigeninitiative des betroffenen Instituts in der Krise wenig realistisch. Der Entwurf des BMJ setzt ganz auf die Freiwilligkeit des Verfahrens und die Anreize der Geschäftsleiter, es als Problemlösungshilfe zu nutzen. Da das Verfahren jedoch praktisch zumindest mit der Entmachtung der bestehenden Geschäftsleiter enden wird, ist kaum anzunehmen, dass diese von sich aus und rechtzeitig die erforderlichen Schritte zu seiner Einleitung ergreifen. Erfahrungsgemäß versuchen Geschäftsleiter Not leidender Unternehmen vielmehr, formale Restrukturierungsverfahren unter allen Umständen zu vermeiden und initiieren diese erst und nur dann, wenn sie bei Androhung einer Strafe dazu gezwungen sind.[140]

Ebenso kritisch ist ganz allgemein die erste Stufe des vorgesehenen Prozesses zu sehen, also das Sanierungsverfahren auf der Basis eines Sanierungsplanes. Dieser soll, wie bereits erwähnt, keine Eingriffe in Drittrechte vorsehen können. Nun ist in der existenzbedrohenden Krise eines systemrelevanten Finanzinstituts zwar ein Sanierungsplan theoretisch vorstellbar, der ohne solche Eingriffe auskommt. Praktisch ist dies jedoch kein relevantes Szenario. Irgendwelche Rechtseinbußen wird es immer geben müssen. Das bedeutet aber, dass die erste Stufe des vorgesehenen Prozesses verzichtbar ist.

Kritisch ist ferner die Anlehnung des Abstimmungsmechanismus über einen vorgelegten Reorganisationsplan an die Regelungen des Insolvenzplanverfahrens der Insolvenzordnung zu beurteilen. Das betrifft weniger rechtstechnische Einzelheiten, obwohl auch insoweit Verbesserungspotenzial besteht.[141] Das Hauptproblem des Ansatzes des BMJ

---

[140] Natürlich ist es denkbar, die Einleitung des Verfahrens zur Auflage für die Gewährung von staatlichem Kapital/staatlichen Garantien etc. an ein systemrelevantes Institut zu machen, aufsichtsrechtliche Maßnahmen für den Fall der Nicht-Einleitung des Verfahrens anzudrohen etc. (vgl. BMJ-Konzept (Fn. 40) S. 25 f.; *Amend* ZIP 2009, 589, 598). Das würde dann aber vermutlich generell geschehen und bestätigt die im Text geäußerte Kritik, nach der es eben nicht realistisch ist, *grundsätzlich* auf Freiwilligkeit zu setzen.

[141] Einer gesetzlichen Regelung salvatorischer Klauseln (vgl. dazu § 19 Abs. 4 S. 2 und S. 3 KredReorgG-E) bedarf es nicht. Auch Sonderregelungen über Entschädigungsleistungen im Plan bei einem Eingriff in Gesellschafterrechte (§ 8 Abs. 2 KredReorgG-E), den Rechtsschutz einzelner Gesellschafter bei

liegt vielmehr darin, dass der gruppenbezogene Abstimmungsmodus und das Planverfahren insgesamt ein zu komplizierter Mechanismus sind, um in der existenzbedrohenden Krise eines systemrelevanten Finanzinstitutes eine rasche Sanierung ins Werk zu setzen. Zwar versucht das Konzept des BMJ, das Verfahren dadurch zu beschleunigen, dass gerichtliche Entscheidungen in ihm unanfechtbar gestellt werden (§ 1 Abs. 4 KredReorgG-E). Aber abgesehen von der verfassungsrechtlichen Problematik einer solchen Vorschrift bleibt es doch dabei, dass das zuständige Gericht einen Plan nicht bestätigen darf, wenn die Vorschriften über dessen (zulässigen) Inhalt, über seine verfahrensmäßige Behandlung oder über seine Annahme durch die Beteiligten in einem wesentlichen Punkt nicht beachtet worden sind und der Mangel nicht behoben werden kann (§ 19 Abs. 2 Ziff. 1 KredReorgG-E). Zu den potenziellen Fallstricken für einen Plan gehören danach beispielsweise die nach den Erfahrungen mit dem Planverfahren der InsO besonders schwierig zu handhabenden Gruppenbildungsregeln (vgl. § 7 Abs. 2 KredReorgG-E).[142] Zudem muss vor einer Planbestätigung ggf. geprüft werden, ob die Zustimmung einer Gruppe nach dem Obstruktionsverbot ersetzt werden kann (§ 19 Abs. 2 Ziff. 3 KredReorgG-E). Auch das kann sehr schwierig und zeitaufwendig sein. Zur raschen Erlangung der Kontrolle über die Geschäftsleitung eines systemrelevanten Finanzinstituts sowie über die Gesellschafterrechte eignet sich ein komplexes Verfahren nach dem Vorbild des Insolvenzplanverfahrens der Insolvenzordnung nicht.

In gewisser Hinsicht kommt dieses Defizit augenfällig in der dritten Stufe der Überlegungen des BMJ zum Ausdruck (§§ 48a ff. KWG-E). Danach soll, wie erwähnt, eine Ausgliederung durch Anordnung der BaFin auch bei Scheitern (oder der Aussichtslosigkeit) der zweiten Stufe möglich sein, mit der Folge, dass das Vermögen der Not leidenden Bank ganz oder teilweise auf einen neuen Rechtsträger übertragen wird. In dieser Möglichkeit einer Ausgliederung durch einen behördlichen Beschluss liegt ein Systembruch mit dem auf Gläubigerautonomie und gruppenbezogenen Abstimmungsmechanismus abstellenden Verfahren der zweiten Stufe. Der Ansatz selbst aber weist in die richtige Richtung: In der existenzbedrohenden Krise eines systemrelevanten Finanzinstituts

---

einem solchen Eingriff (§ 17 Abs. 5 KredReorgG-E) oder das Obstruktionsverbot bei einer Planablehnung gerade durch die Gesellschafter (§ 18 Abs. 4 KredReorgG-E) sind nicht erforderlich – die allgemeinen Regelungen über den Minderheitenschutz und das „normale" Obstruktionsverbot (§§ 245, 251 InsO bzw. § 18 Abs. 2 und 3, § 19 Abs. 3 KredReorgG-E) genügen.

[142] Vgl. dazu etwa MünchKommInsO/*Eidenmüller* (o. Fn. 44), § 222 Rz. 20 ff., 45 ff., 71 ff. m.w.N.

sind ein rascher Kontrollwechsel bezüglich der Geschäftsleitung und eine rasche Auswechslung der Anteilseigner erforderlich. Das kann ein gruppenbezogenes und kompliziertes Planverfahren nicht leisten. Nötig ist vielmehr ein möglichst einfaches, ggf. hoheitlich strukturiertes Verfahren.

## b) Konzept des BMWi

In diese Richtung zielt von vornherein und ausschließlich das Konzept des BMWi für ein „Gesetz zur Ergänzung des Kreditwesengesetzes". Es beschränkt sich auf das, was in dem Konzept des BMJ die dritte Stufe ist, enthält also Vorschläge für einen neuen Abschnitt im KWG über „Maßnahmen zur Restrukturierung" (§§ 48 a ff. KWG-E). In deren Zentrum steht allerdings nicht eine bloße Übertragungsanordnung, sondern – allgemeiner – die Anordnung einer Restrukturierungsverwaltung und – in diesem Rahmen – die Umsetzung eines Restrukturierungsplans.

Nach den Überlegungen des BMWi soll die BaFin bei systemrelevanten Instituten eine Restrukturierungsverwaltung anordnen können, wenn Gefahr für die Erfüllung der Verbindlichkeiten des Instituts gegenüber seinen Gläubigern besteht und ohne staatliche Stabilisierungsmaßnahmen die Einleitung eines Insolvenzverfahrens droht (§ 48a Abs. 1 KWG-E). Das Verfahren kann also erst beginnen, wenn sich die Krise zumindest dahingehend manifestiert hat, dass im nächsten Jahr der Eintritt eines Insolvenzgrundes (Zahlungsunfähigkeit oder Überschuldung) wahrscheinlicher ist als der Nicht-Eintritt (drohende Einleitung eines Insolvenzverfahrens). Das Institut soll einen Restrukturierungsplan erarbeiten, der allerdings durch die BaFin verändert und in diesem Sinne „kontrolliert" wird bzw. werden kann (§ 48c Abs. 1 bis 4 KWG-E). Der Restrukturierungsplan wird, und darin liegt ein zentrales Charakteristikum des Verfahrens, durch Verwaltungsakt angeordnet (§ 48a Abs. 5 KWG-E). Damit wird mit der konventionellen Restrukturierungsphilosophie in Deutschland eines durch die unmittelbar Beteiligten getragenen und insbesondere von der Gläubigerautonomie bestimmten Verfahrens gebrochen. Die BaFin soll anordnen können, dass die Aktionärsverwaltungsrechte (nicht die -vermögensrechte) während des Verfahrens ruhen und durch die Anstalt ausgeübt werden (§ 48g KWG-E). Diese kann auch die Geschäftsleitung neu besetzen (§ 48f KWG-E). Etwaige Kündigungsrechte von Vertragspartnern sind während des Verfahrens ausgeschlossen (§ 48k KWG-E).

Der Grundansatz des BMWi-Konzeptes überzeugt, auch bzw. gerade, weil er einen Bruch mit der konventionellen Restrukturierungsphilosophie beinhaltet. Die existenzbedrohende Krise eines systemrelevanten

Finanzinstituts erfordert rasches und unkompliziertes Handeln, insbesondere einen raschen Kontrollwechsel in der Geschäftsleitung und eine rasche Rekapitalisierung auf der Anteilseignerseite. Positiv zu werten ist auch der ggü. der dritten Stufe des BMJ-Konzepts weiter ausgreifende Ansatz: In der existenzbedrohenden Krise eines systemrelevanten Instituts kann ein Bedarf nach einer umfassenden Reorganisation gerade des Not leidenden Rechtsträgers bestehen, nicht nur nach einer Ausgliederung von dessen Vermögen auf einen neuen Rechtsträger. Diese positive Einschätzung ist natürlich eine Konsequenz der Tatsache, dass das BMWi-Konzept in seinen §§ 48a ff. KWG-E auch viele Regelungsinhalte enthält, die sich in dem BMJ-Konzept in dessen KredReorgG-E finden.

Gleichwohl sind Einzelpunkte kritikwürdig. Problematisch sind zum einen insbesondere etwaige Verfahrensverzögerungen durch Rechtsmittel. Zwar sieht das Konzept vor, dass über Streitigkeiten (unanfechtbar) der Hessische Verwaltungsgerichtshof entscheidet (§ 48n Abs. 1 KWG-E), ein Vorverfahren nach § 68 VwGO nicht stattfindet (§ 48n Abs. 4 KWG-E) und die Anfechtungsklage gegen alle Maßnahmen der BaFin nach den §§ 48a, 48c, 48f und 48g KWG-E keine aufschiebende Wirkung hat (§ 49 KWG-E). Aber immerhin kann im Wege des einstweiligen Rechtsschutzes eine Wiederherstellung der aufschiebenden Wirkung beantragt werden, und offenbar geht das Konzept selbst davon aus, dass die vielen Einzelmaßnahmen innerhalb des Verfahrens – vor Anordnung des Restrukturierungsplanes – sämtlich Verwaltungsakte sind, die selbständig angefochten werden können (Anordnung der Restrukturierungsverwaltung, Anordnung des Ruhens der Verwaltungsrechte etc.).[143] Damit wäre potenziell eine erhebliche Verfahrensverzögerung verbunden.

Das größte Problem des BMWi-Modells liegt jedoch darin, dass es mit der Suspension der Aktionärsverwaltungsrechte gewissermaßen „auf halbem Wege stehenbleibt". Das ist für die Aktionäre problematisch, weil sie während der Suspensionszeit keine Befugnisse haben, aber das wirtschaftliche Risiko einer (weiteren) Entwertung der Anteile tragen müssen. Ein Anteilsentzug wäre hier allemal die klarere und auch verfas-

---

[143] In § 48g Abs. 4 KWG-E wird festgelegt, dass die Anordnung des Ruhens der Verwaltungsrechte angefochten werden kann, nicht aber einzelne Maßnahmen der Ausübung dieser Rechte durch die BaFin. Dieser Vorschrift wird man im Umkehrschluss entnehmen können, dass ansonsten – also mangels einer spezialgesetzlichen Ausschlussregelung – die Maßnahmen der BaFin anfechtbare Verwaltungsakte sind. Dafür spricht auch § 49 KWG-E mit dem Ausschluss der aufschiebenden Wirkung im Hinblick auf alle angefochtenen Maßnahmen der BaFin nach den §§ 48a, 48c, 48f und 48g KWG-E.

62

sungsrechtlich bessere Lösung, weil den Aktionären dann ein etwaiger Restwert als Kompensation zufließen würde.[144] Vor allem aber ist die gewählte Lösung auch mit der Zweiten Gesellschaftsrechtlichen Richtlinie nicht vereinbar. Wie bereits erwähnt, erlaubt diese nach der Rechtsprechung des Europäischen Gerichtshofes Kapitalmaßnahmen ohne einen Hauptversammlungsbeschluss nur, wenn das Vermögen einer Aktiengesellschaft dauerhaft nur noch als Zwangsvollstreckungsobjekt für die Gläubiger dient, wenn also den Anteilseignern ihre Befugnisse *dauerhaft* entzogen werden.[145] Die im derzeitigen BMWi-Modell gewählte Lösung einer Suspension von Aktionärsverwaltungsrechten ist der paradigmatische Fall eines Sanierungsverfahrens, bei dem nach der Rechtsprechung des Europäischen Gerichtshofes die Hauptversammlungszuständigkeit für Kapitalmaßnahmen nicht angetastet werden darf.[146]

### c) Grundansatz eines integrierten Modells

Nach alledem erscheint es sinnvoll, etwaige Sonderregelungen zur Sanierung systemrelevanter Finanzinstitute in einen eigenen Abschnitt des KWG einzustellen und mit den dort allgemein vorgesehenen Befugnissen zu verzahnen. Das Modell müsste darauf ausgerichtet sein, der BaFin nicht nur rasch eine Kontrolle über die Geschäftsleitung des Instituts zu geben, sondern auch eine Übertragung der Anteile der Gesellschaft auf den Staat oder einen privaten Investor – gegen Entschädigung eines etwa noch verbliebenen Restwertes – zu ermöglichen. Die BaFin sollte ressourcenmäßig zur Bewältigung neuer Aufgaben verbessert ausgestattet werden.[147] Etwaige Rechtsmittel wären spezialgesetzlich zu konzentrieren, und eine Belastung des Verfahrens durch verzögernde Anfechtungen müsste ausgeschlossen werden.

In der Sache läuft dieser Vorschlag darauf hinaus, die dritte Stufe des BMJ-Konzepts mit den Überlegungen des BMWi hinsichtlich einer

---

[144] Insoweit übereinstimmend *Amend* ZIP 2009, 589, 598.

[145] Vgl. im Text Abschnitt IV 3 sowie Fn. 126.

[146] Das BMWi-Konzept (Fn. 40) S. 15 f. meint, dass sich der Eingriff in die Rechte der Inhaber von Beteiligungen rechtfertigen ließe, weil er sich sowohl zeitlich als auch inhaltlich auf das zur Stabilisierung des Finanzmarktes absolut Erforderliche beschränke. Einen solchen Rechtfertigungsgrund sieht die Zweite Gesellschaftsrechtliche Richtlinie jedoch nicht vor.

[147] Die BaFin ist sich der grenzwertigen Auslastung der eigenen Kapazitäten und der damit verbundenen Probleme durchaus bewusst, vgl. http://www.focus.de/finanzen/finanz-news/wirtschaftskrise-bafin-gesteht-maengel-in-der-aufsicht-ein_aid_400749.html.

Restrukturierungsverwaltung zu einem neuen Abschnitt des KWG zu verschmelzen (§§ 48a ff. KWG). Dieser Abschnitt sollte auf eine Restrukturierungsverwaltung im umfassenden Sinne und nicht nur auf eine Ausgliederung des Vermögens zielen. Allerdings müsste der dauerhafte Anteilsentzug – statt lediglich die Suspension von Aktionärsverwaltungsrechten – im Vordergrund stehen. In jedem Fall sollte eine Aufspaltung des Verfahrens etwa dergestalt, dass die Möglichkeit zu bestimmten Ausgliederungsmaßnahmen im KWG verankert wird, während ein davon unabhängiges Sanierungsverfahren in einem eigenständigen Sondergesetz geregelt würde, vermieden werden. Eine solche Aufspaltung wäre vermutlich die schlechteste aller Lösungen. Sie würde im Ergebnis nicht nur zu einem, sondern zu zwei Sondergesetzen zur Sanierung systemrelevanter Finanzinstitute führen.

## VII. Zusammenfassung

Die Finanz- und Wirtschaftskrise stellt das deutsche Insolvenzrecht, das sich im Wettbewerb mit anderen Insolvenzrechtsordnungen in Europa zu behaupten hat, vor große Herausforderungen. Die Insolvenz von systemrelevanten Finanzinstitutionen ist ein realistisches Szenario. Sie konnte im Fall der Hypo Real Estate nur in letzter Sekunde durch außergewöhnliche Maßnahmen abgewendet werden. Große Wirtschaftsunternehmen wie Opel oder Arcandor befinden sich in einer existenzbedrohenden Krise, die in beiden Fällen durchaus noch zur Liquidation jedenfalls von Teilen der jeweiligen Unternehmen führen kann. Mit der vorliegenden Untersuchung wurde die Frage gestellt, ob darüber hinaus auch das deutsche Insolvenzrecht selbst als Instrument der Krisenbewältigung „in der Krise" ist bzw. ob und ggf. welche Reformmaßnahmen insoweit eingeleitet werden sollten. Die wesentlichen Ergebnisse der Untersuchung lassen sich wie folgt zusammenfassen:
1. Außergerichtliche (vorinsolvenzrechtliche) Sanierungen sind ein wesentliches Instrument der Bewältigung einer existenzbedrohenden Unternehmenskrise. Sie weisen insbesondere unter Kostengesichtspunkten (direkte und indirekte Insolvenzkosten) bedeutende Vorteile gegenüber einem gerichtlich überwachten Insolvenzverfahren auf. Geringfügige gesetzliche sowie richterrechtliche Eingriffe würden eine frühere Einleitung sowie eine verbesserte Koordination des Gläubigerhandelns bei einem außergerichtlichen Sanierungsvorhaben in Deutschland bewirken. Ein eigenständiges, vorinsolvenzrechtliches Sanierungsgesetz ist demgegenüber nicht zu befürworten.

2. Die Insolvenzordnung hat sich in den bisher 10 Jahren ihres Bestehens als Sanierungsinstrument für Not leidende Unternehmen bewährt. Die Grundstruktur eines einheitlichen Insolvenzverfahrens, das sowohl eine Liquidation zulässt, als auch – vor allem mit dem Insolvenzplanverfahren – eine Sanierung des Schuldners ermöglicht, sollte nicht angetastet werden. Allerdings gilt es, den Gläubigereinfluss bei der Verwalterbestellung sowie der Anordnung der Eigenverwaltung zu stärken. Das Planverfahren selbst lässt sich durch eine Einbindung der Gesellschafter, durch Beschleunigung und durch eine liquiditätsmäßige Entlastung des in ihm sanierten Unternehmens verbessern. Bei Konzerninsolvenzen empfiehlt sich eine verfahrensmäßige Koordinierung (insbesondere: ein Gericht, ein Verwalter). Die Koordinationsprobleme bei internationalen Konzerninsolvenzen sind nur im Rahmen supranationaler Regelwerke angemessen lösbar.

3. Besonders schwierig zu beantworten ist die Frage, ob ein Sondergesetz zur Sanierung systemrelevanter Finanzinstitutionen erforderlich ist, und wenn ja, wie dieses aussehen sollte. Zwar ist es keineswegs ausgeschlossen, ein solches Institut innerhalb eines „normalen" Insolvenzverfahrens zu sanieren. Ein Insolvenzverfahren wäre typologisch aber nicht das richtige Instrument, weil es bei ihm regelmäßig auch um eine Beschneidung von Gläubigerrechten geht, die aber im Falle eines systemrelevanten Instituts gerade unangetastet bleiben sollen. Aus diesem Grunde ist die Schaffung eines Sondergesetzes eine rechtspolitisch gut vertretbare Entscheidung. Ein solches Gesetz müsste dem Neufinancier rasch die Kontrolle über sowohl die Geschäftsleitung als auch die Gesellschaftsanteile verschaffen. Sinnvollerweise sollte es als eigener Abschnitt in das bestehende aufsichtsrechtliche Regelwerk des KWG eingestellt werden.

www.ingramcontent.com/pod-product-compliance
Lightning Source LLC
Chambersburg PA
CBHW050653190326
41458CB00008B/2552